This Coloring Books Belongs To:

~~~~~~

~~~~~~

~~~~~~

~~~~~~

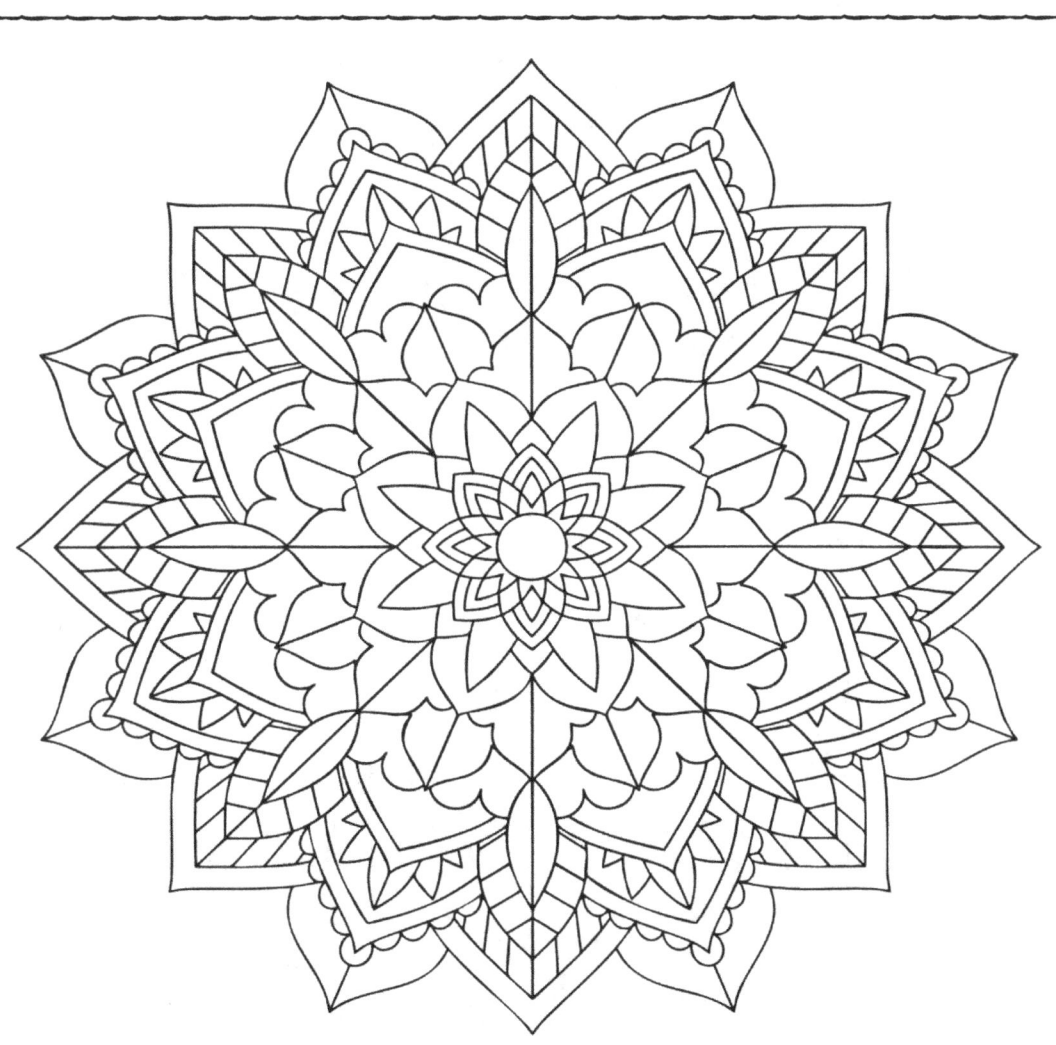

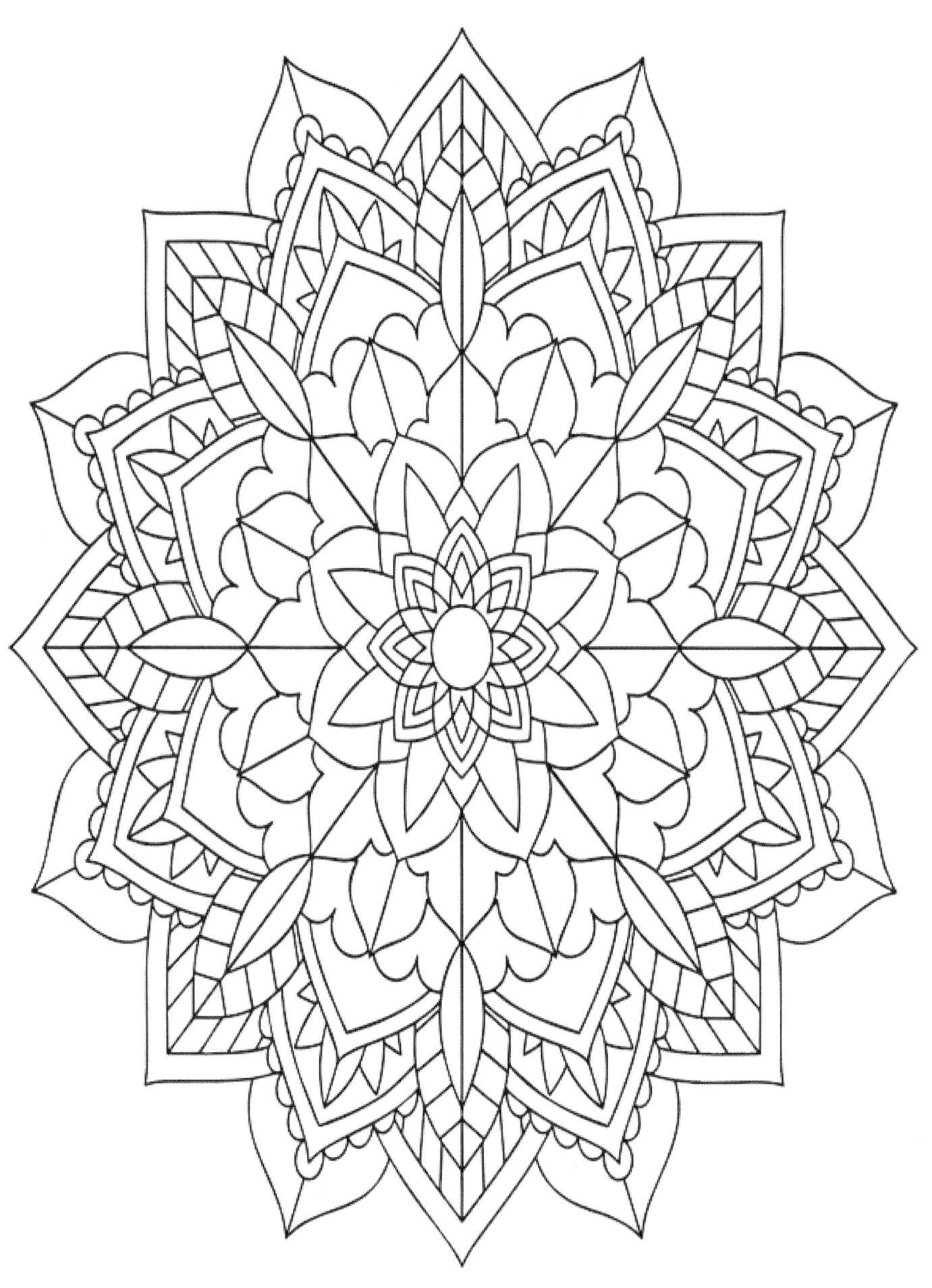

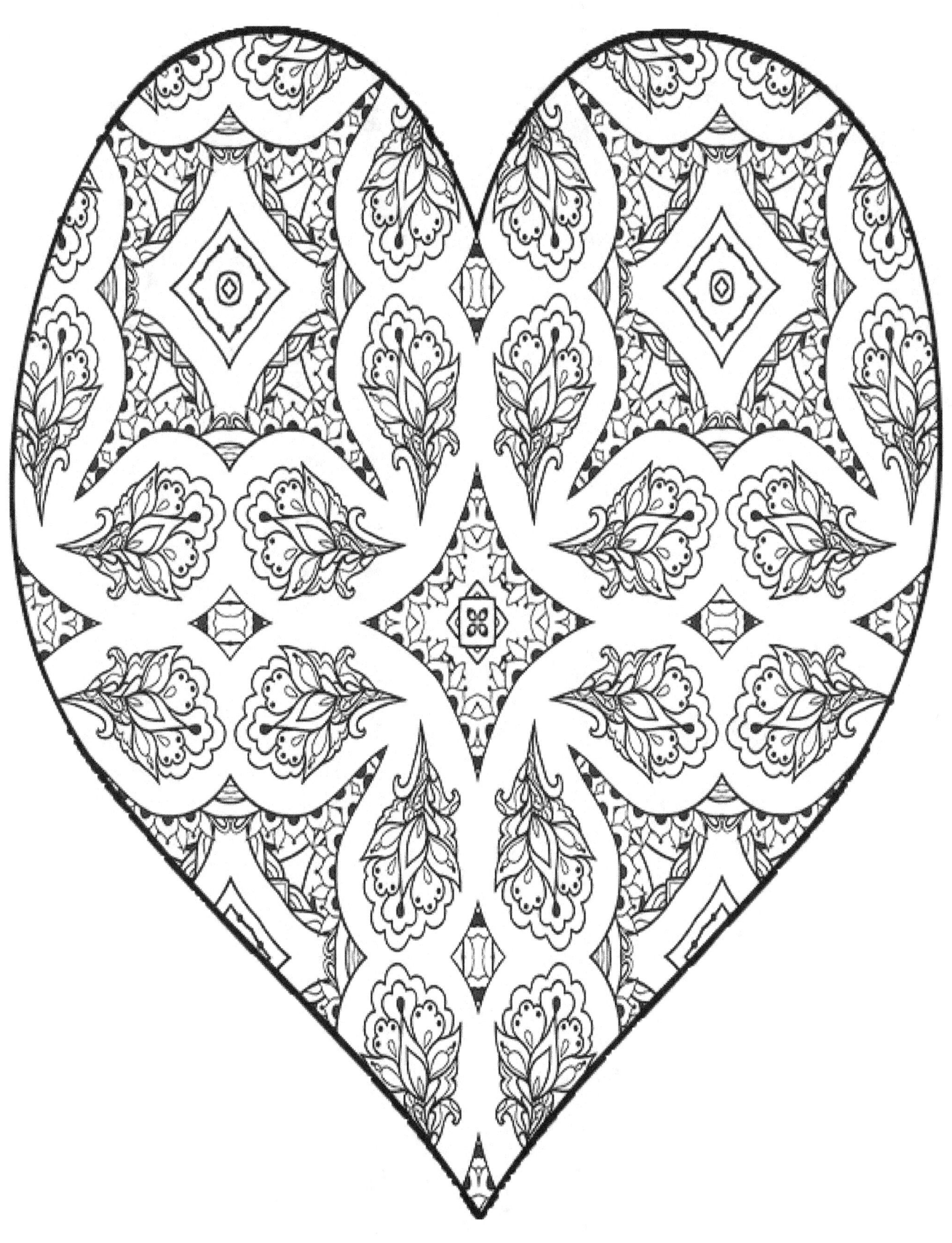

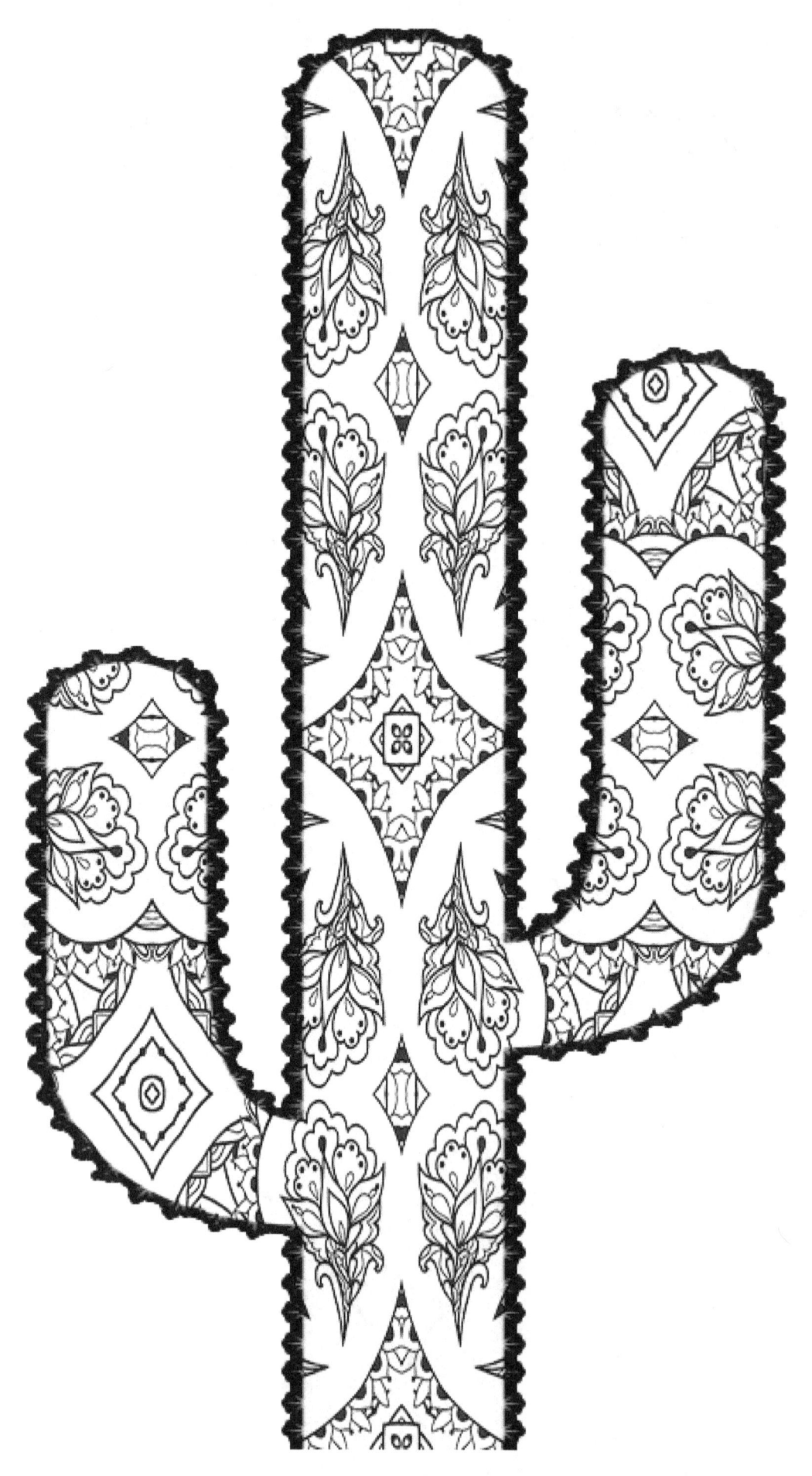

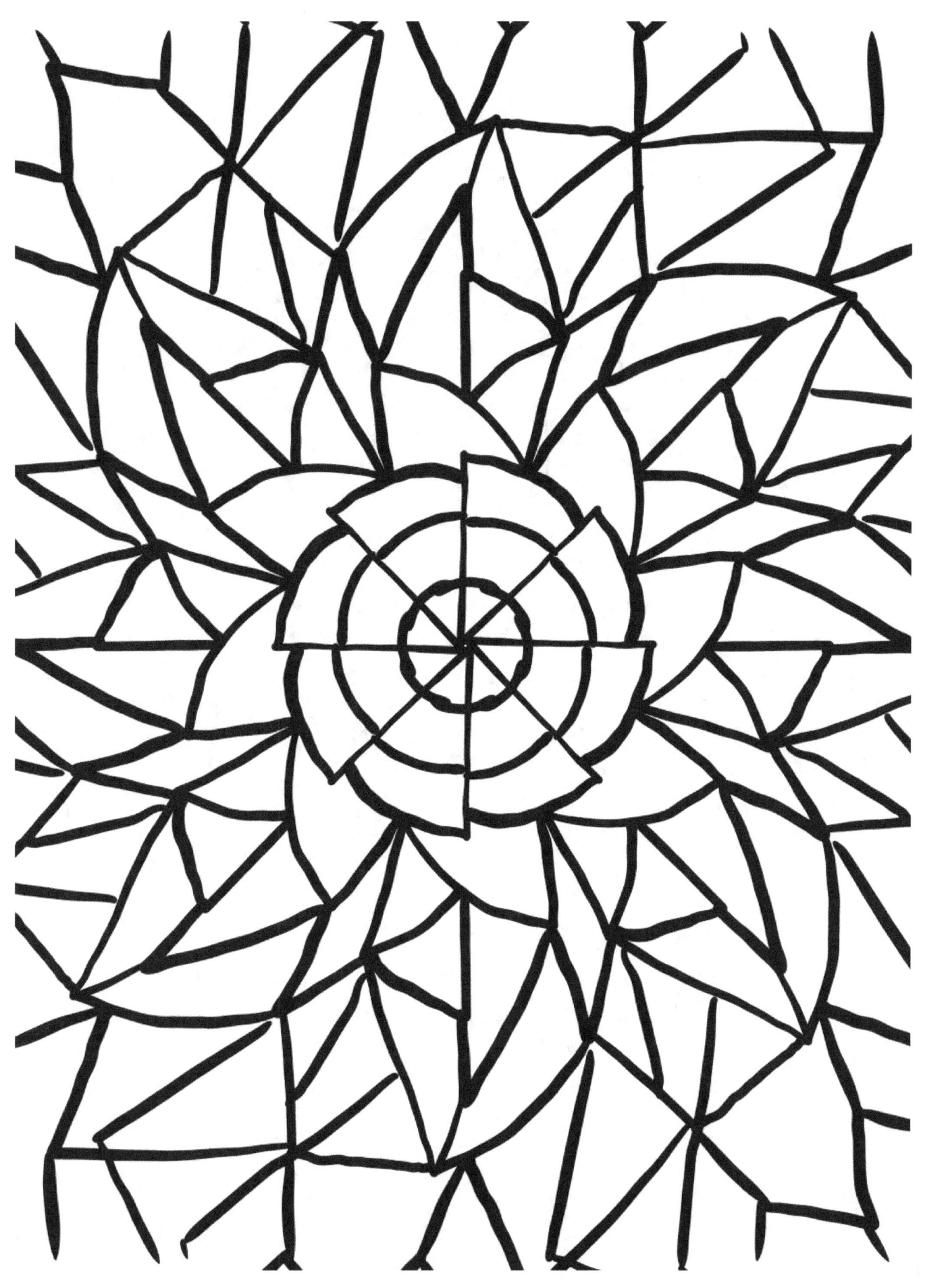

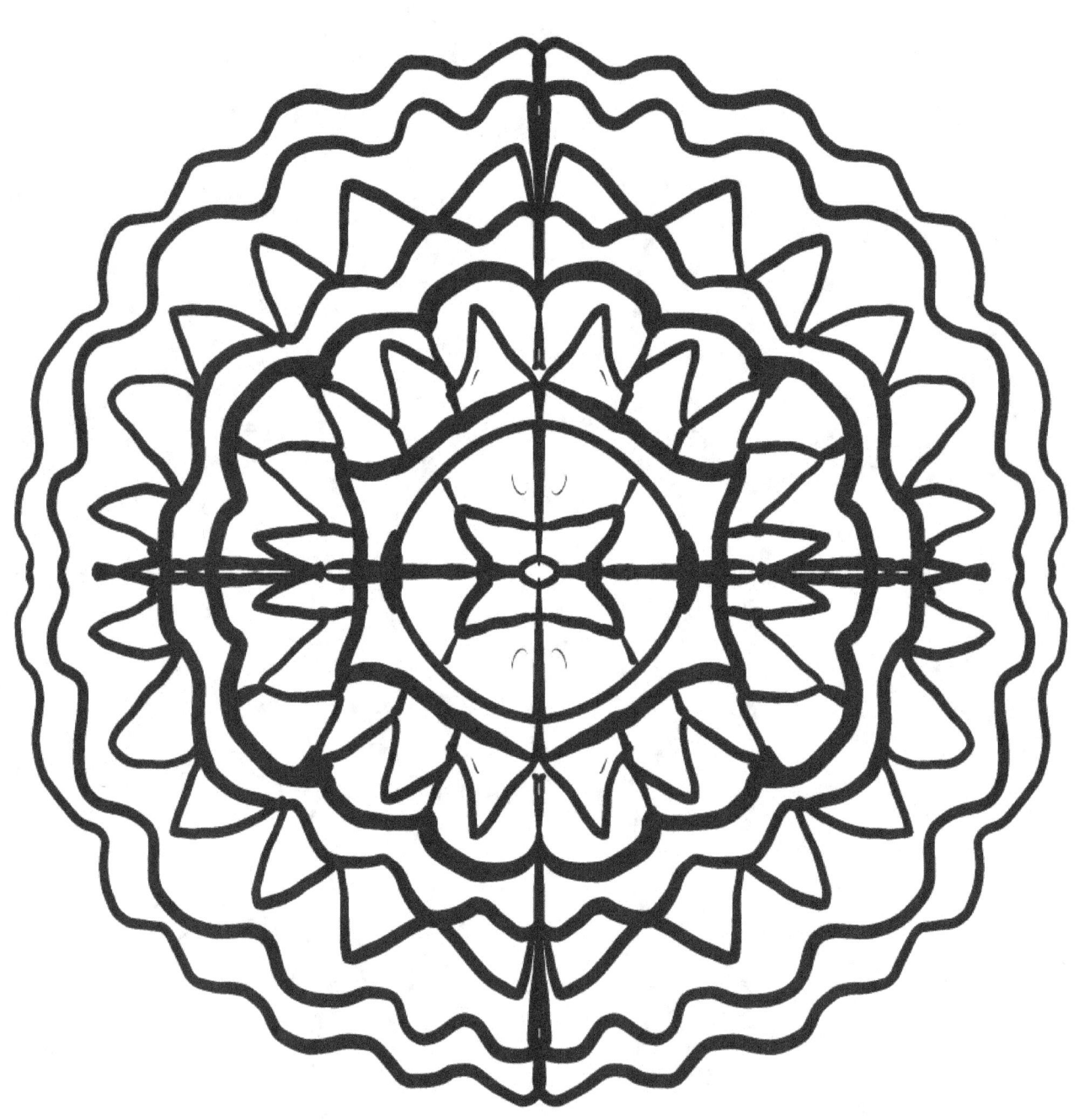

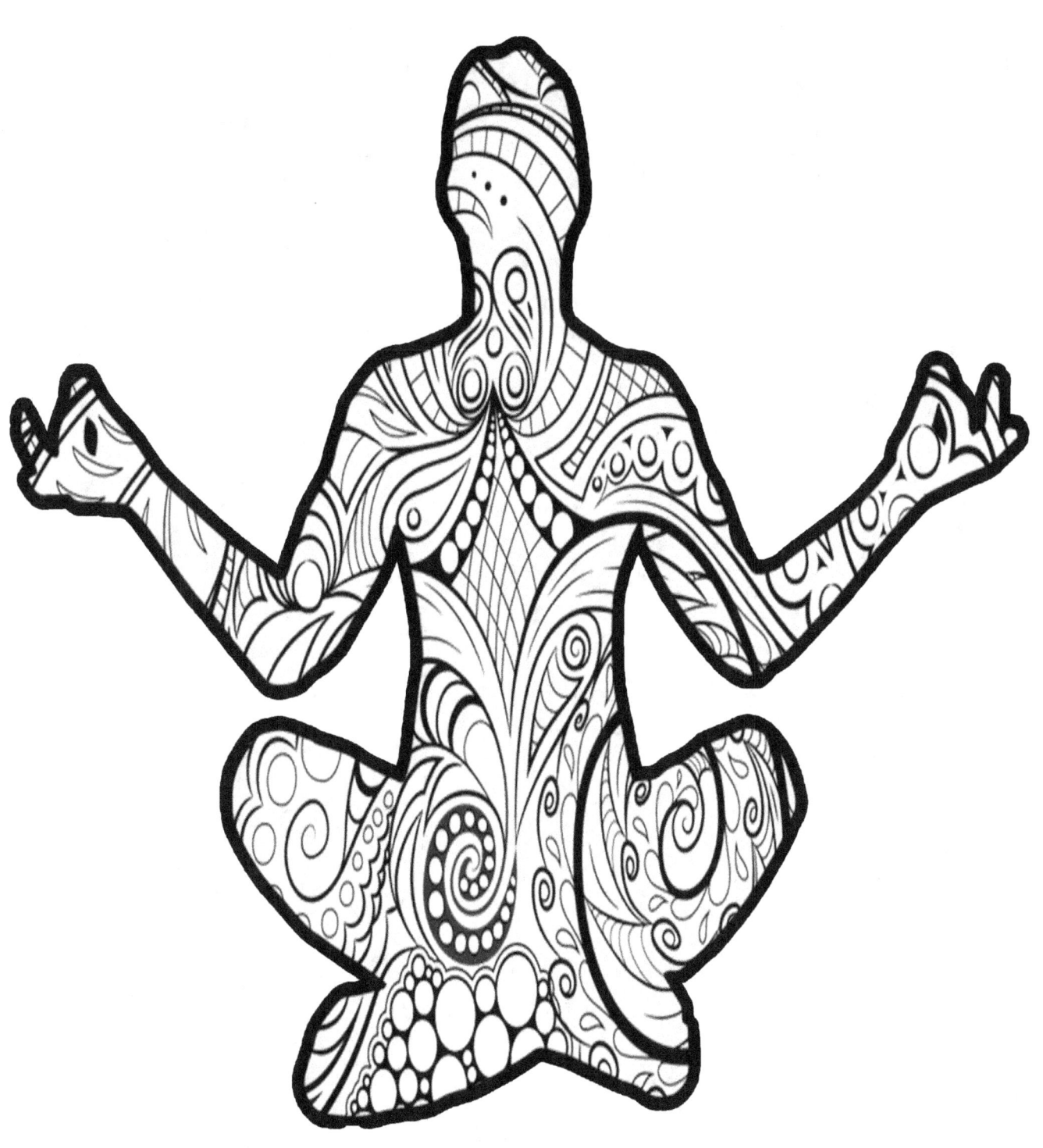

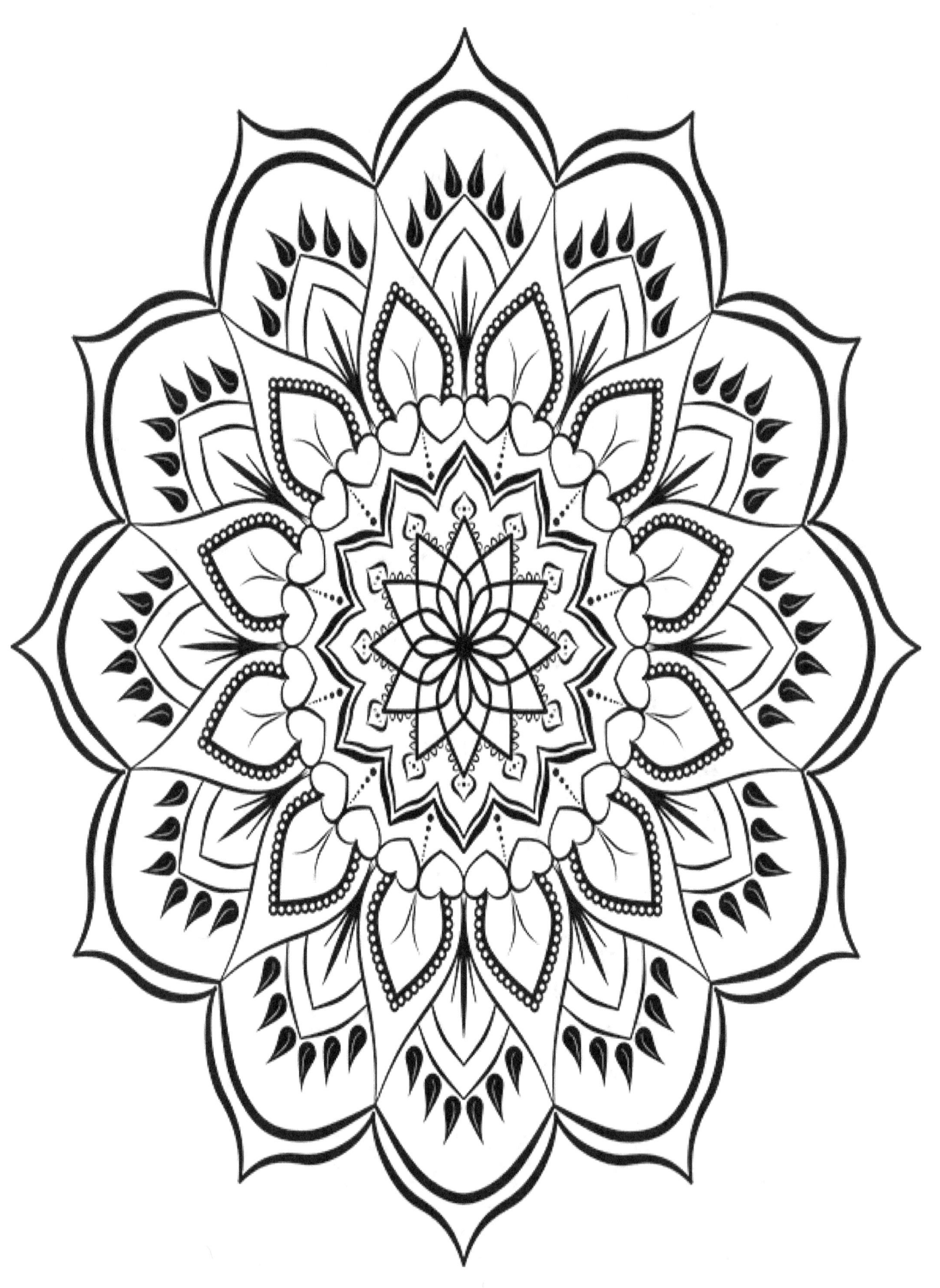

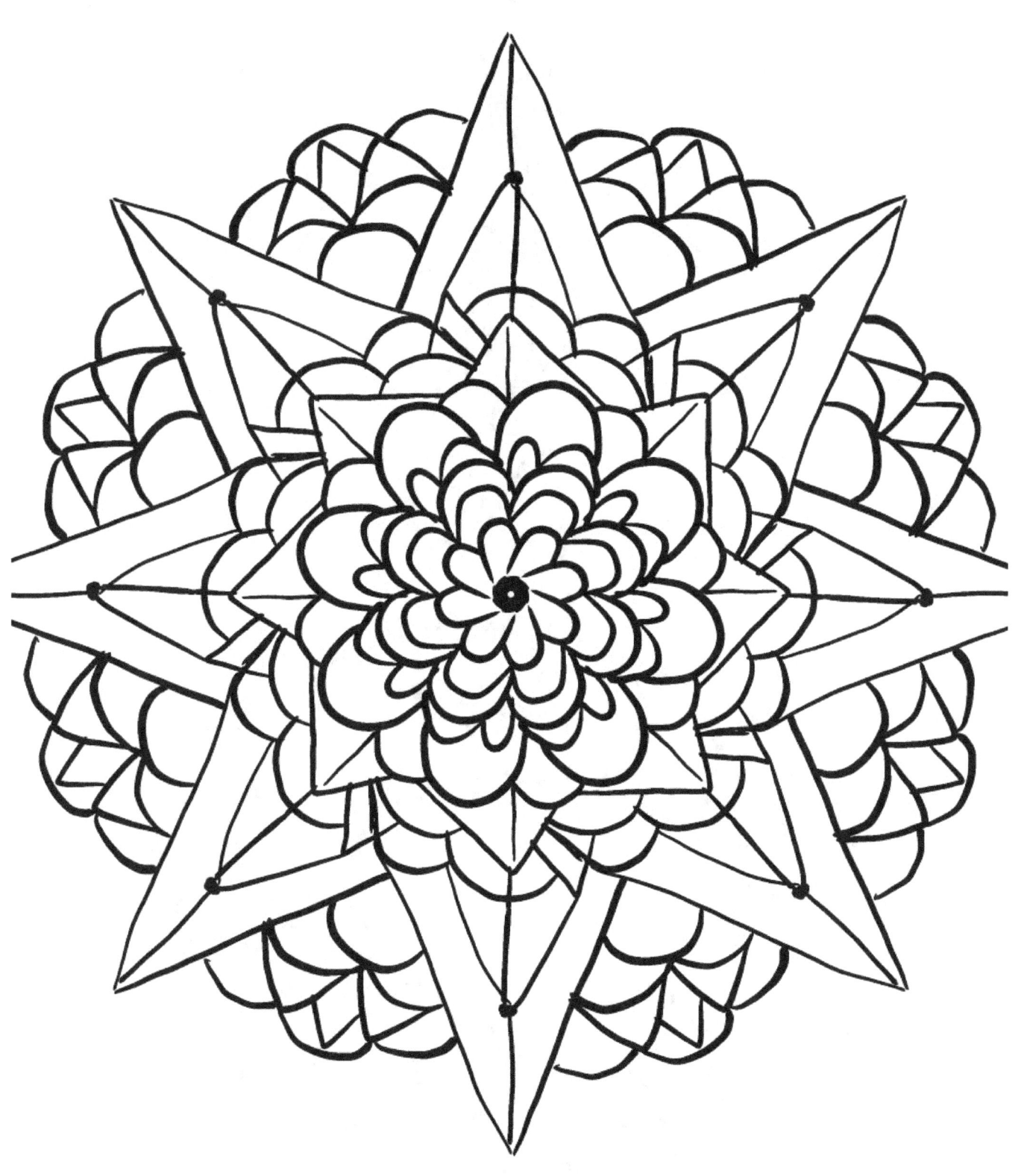

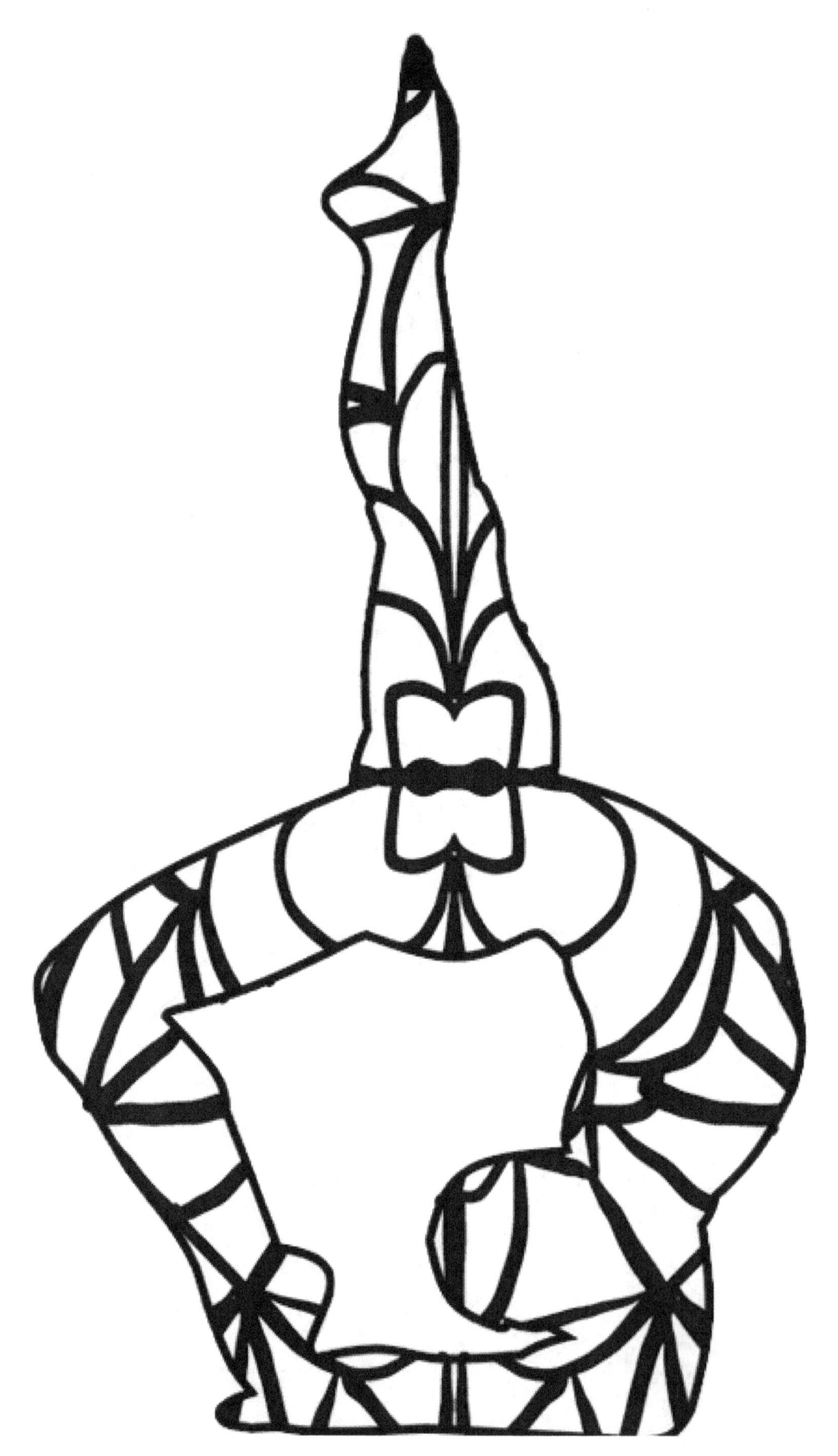

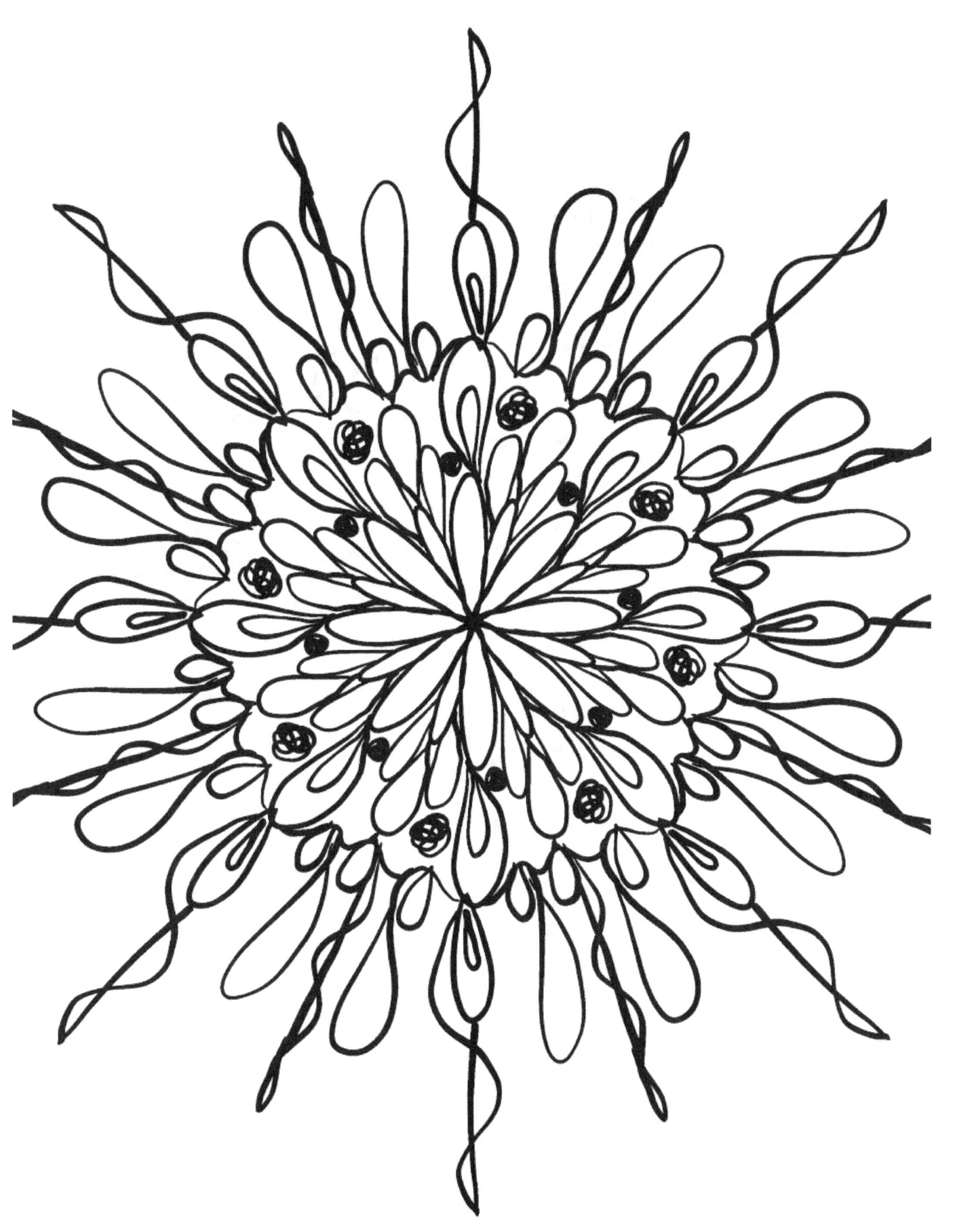

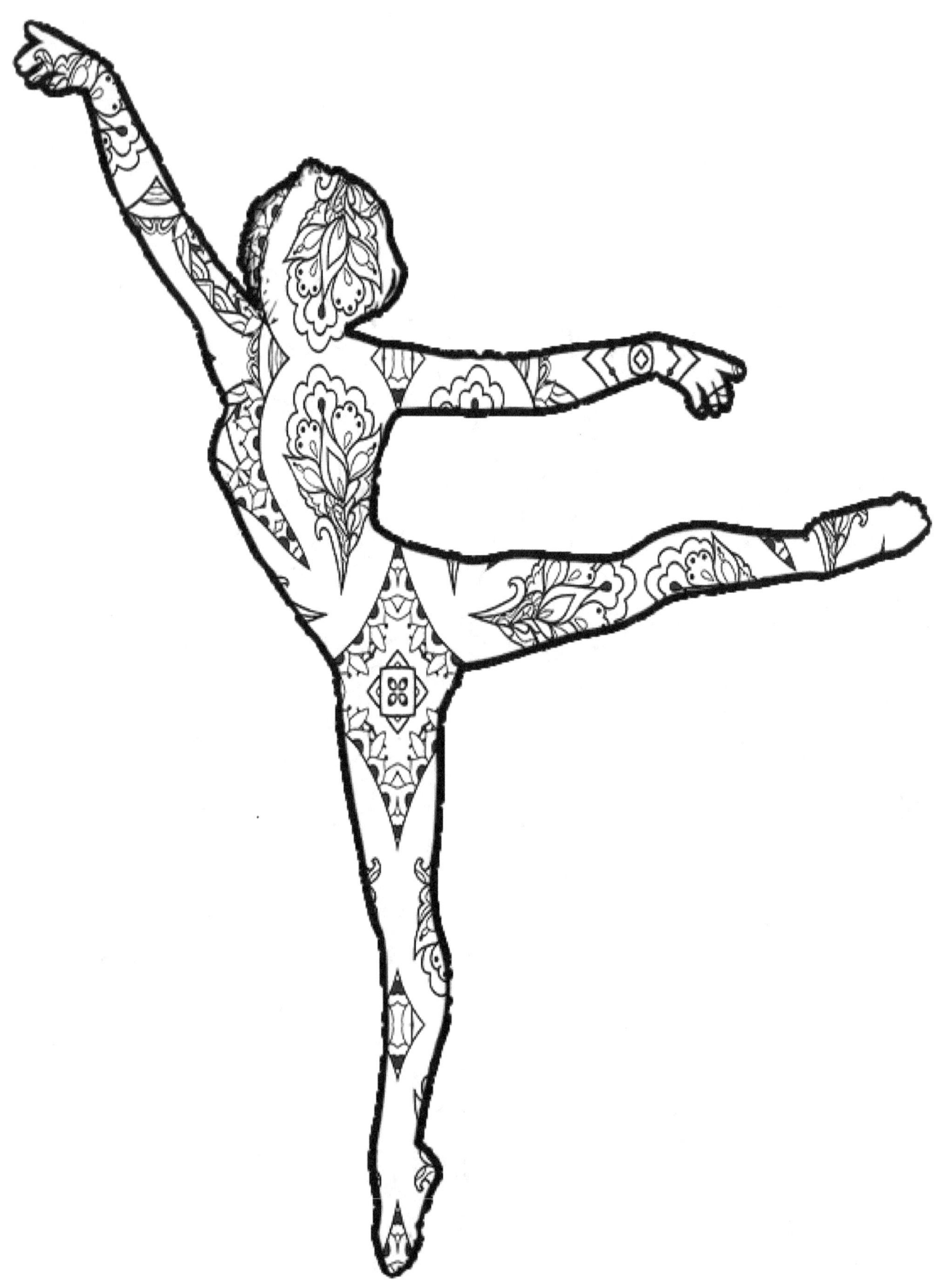

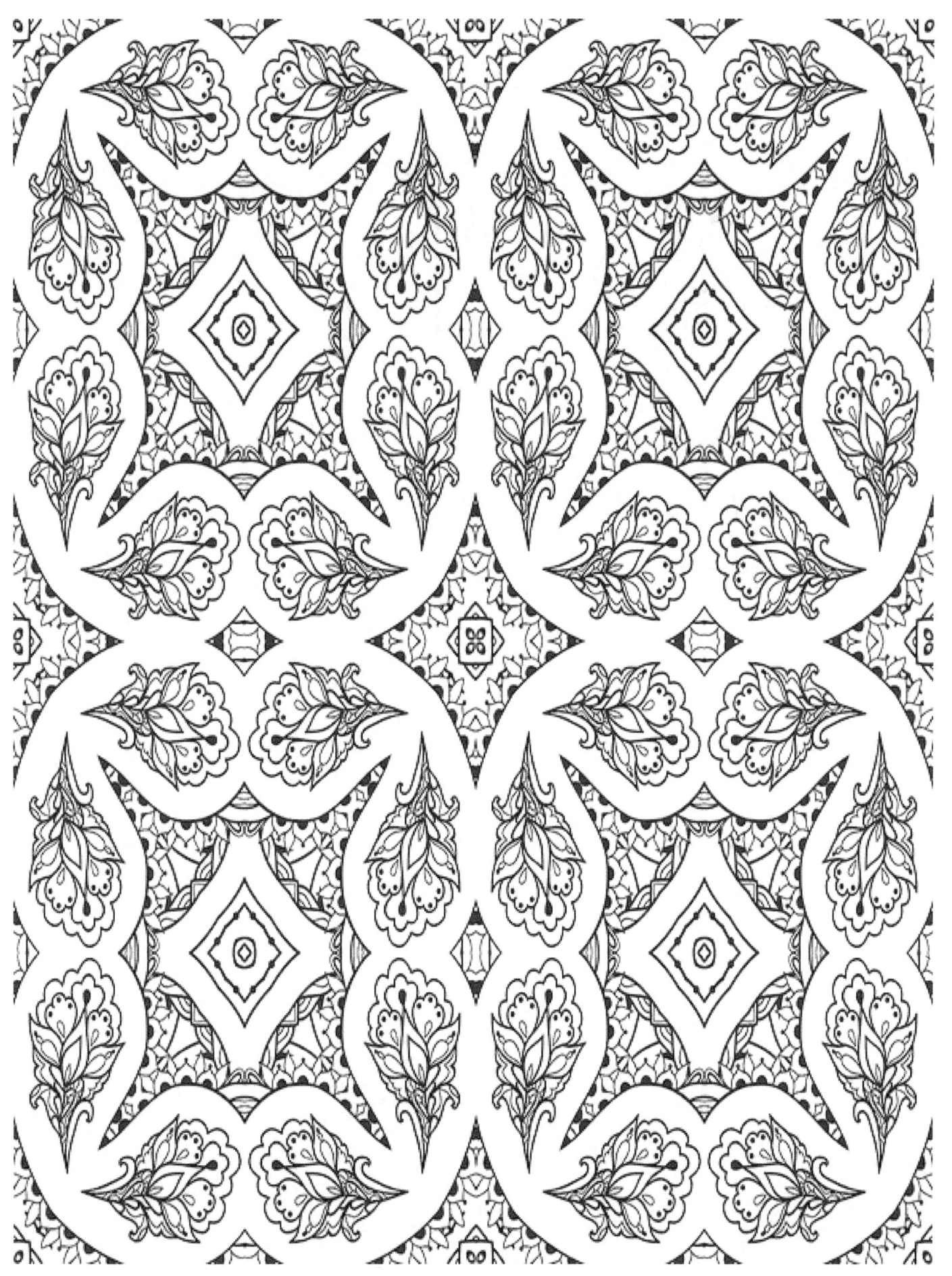

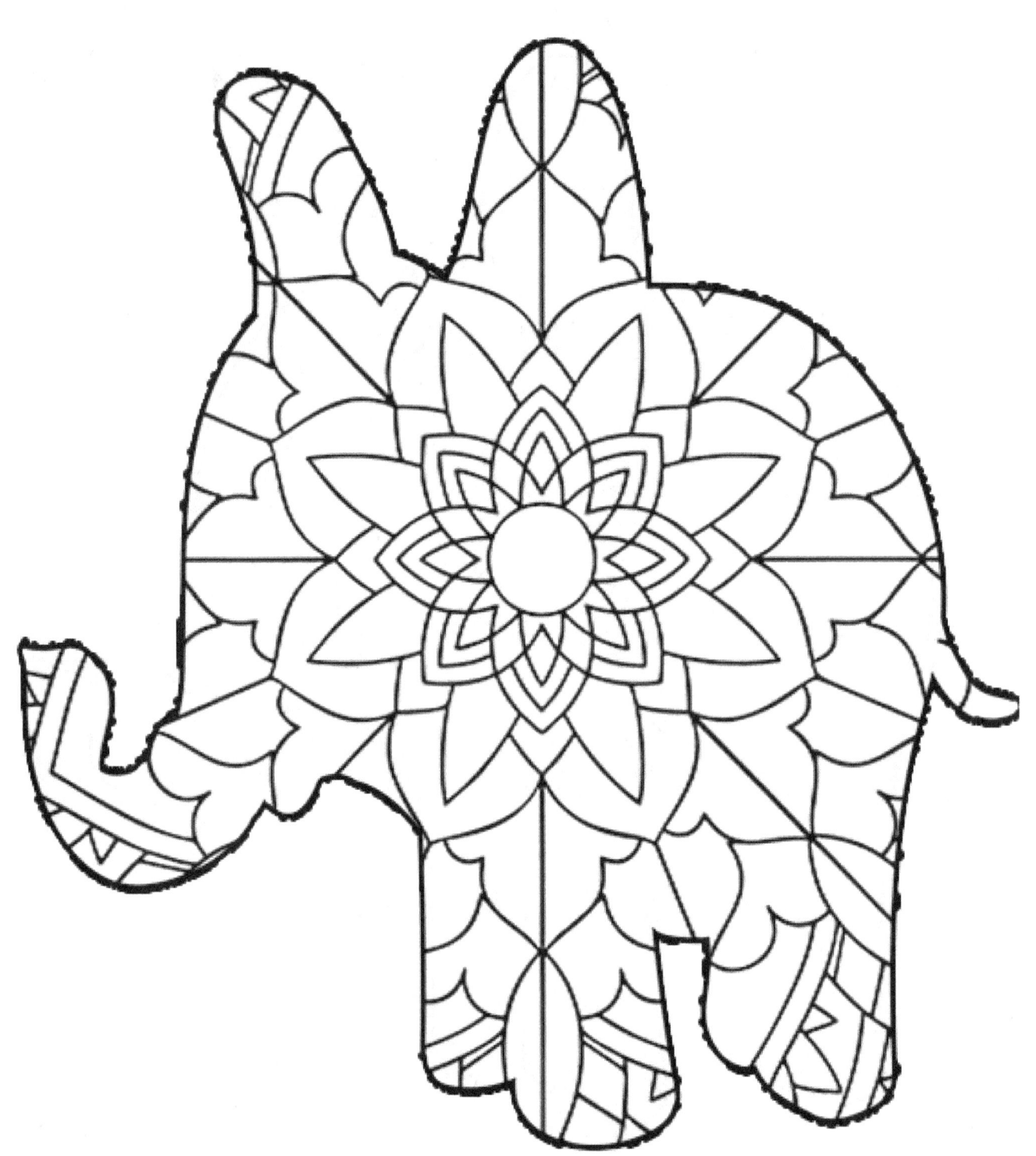

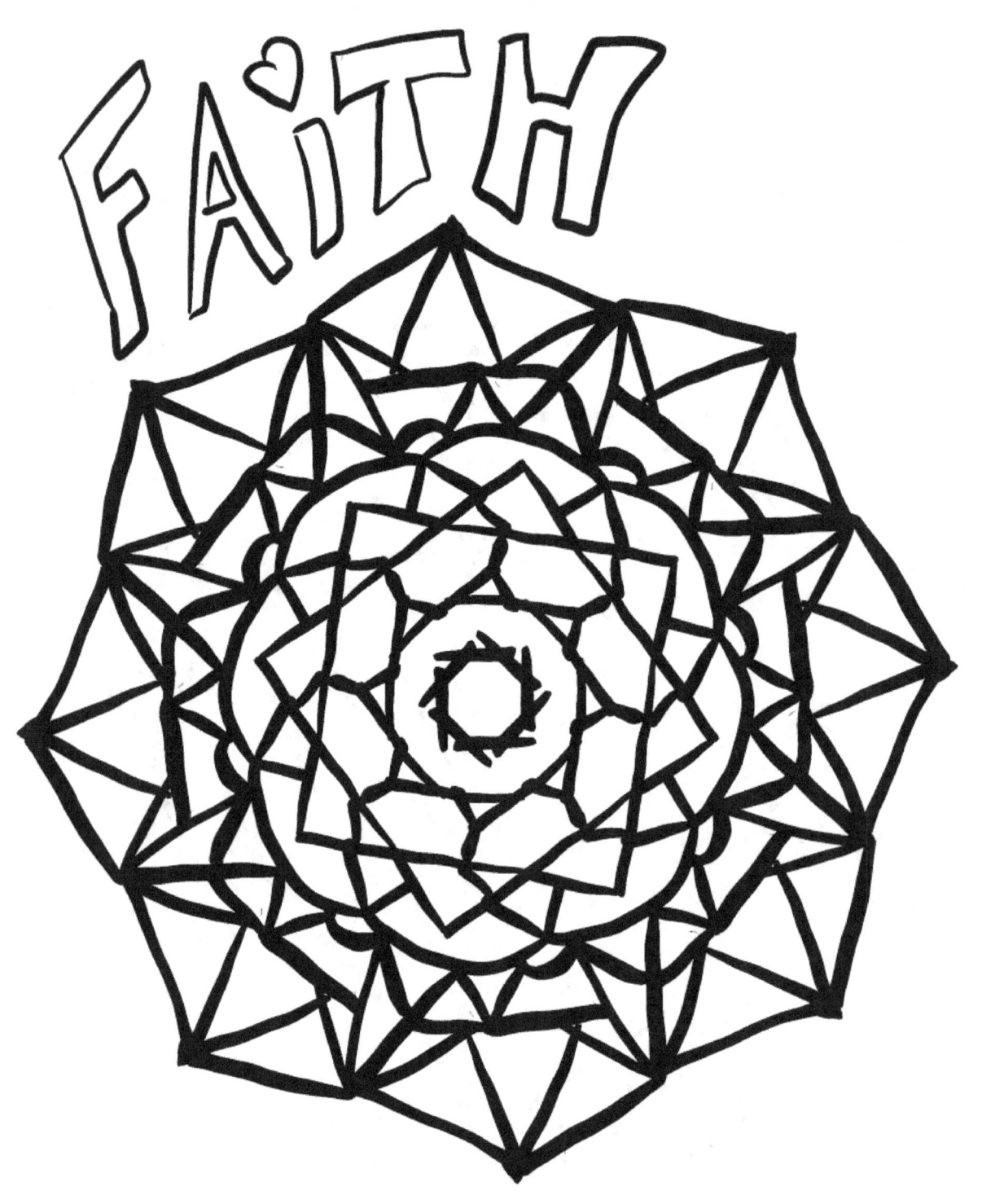

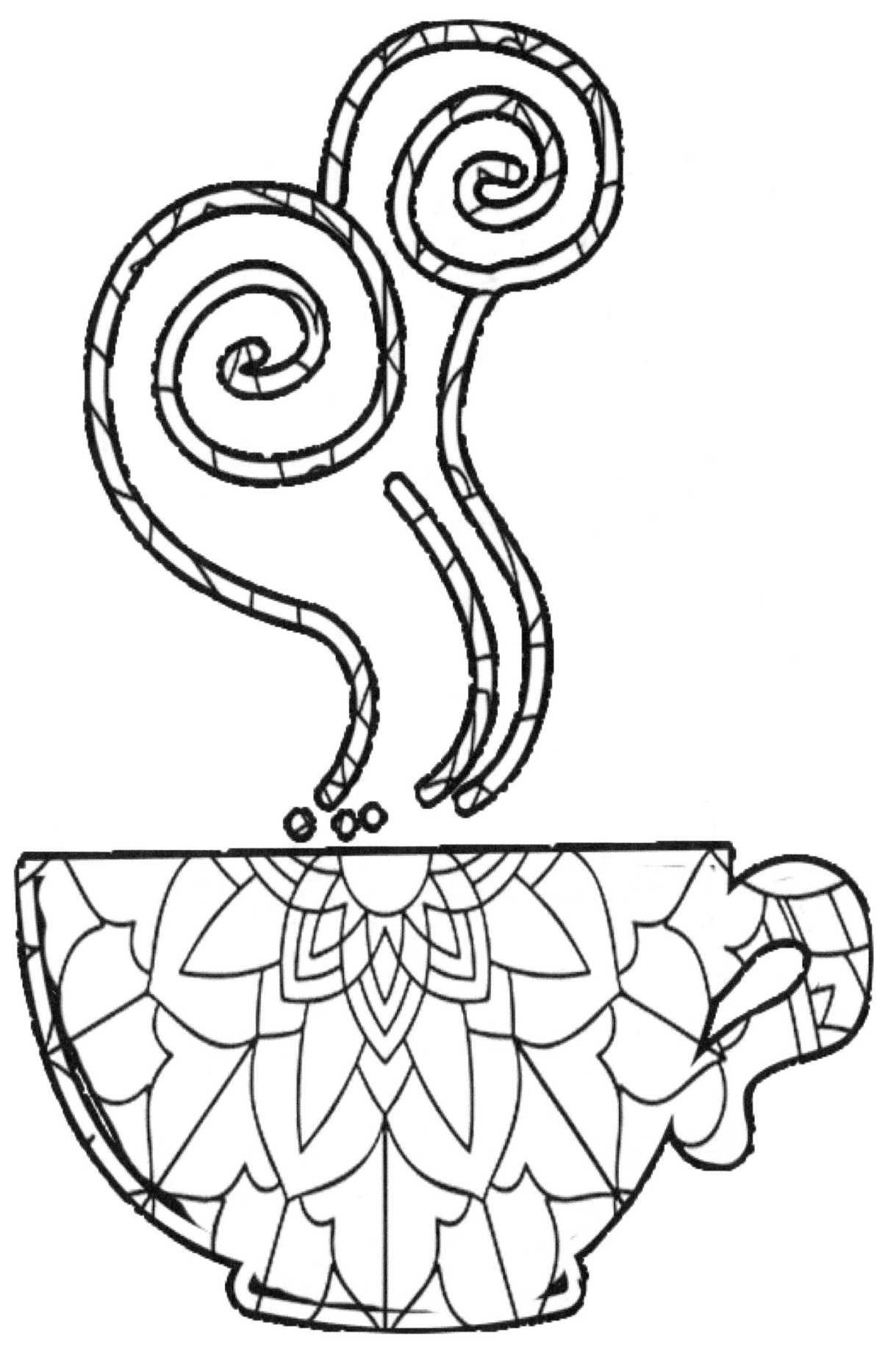

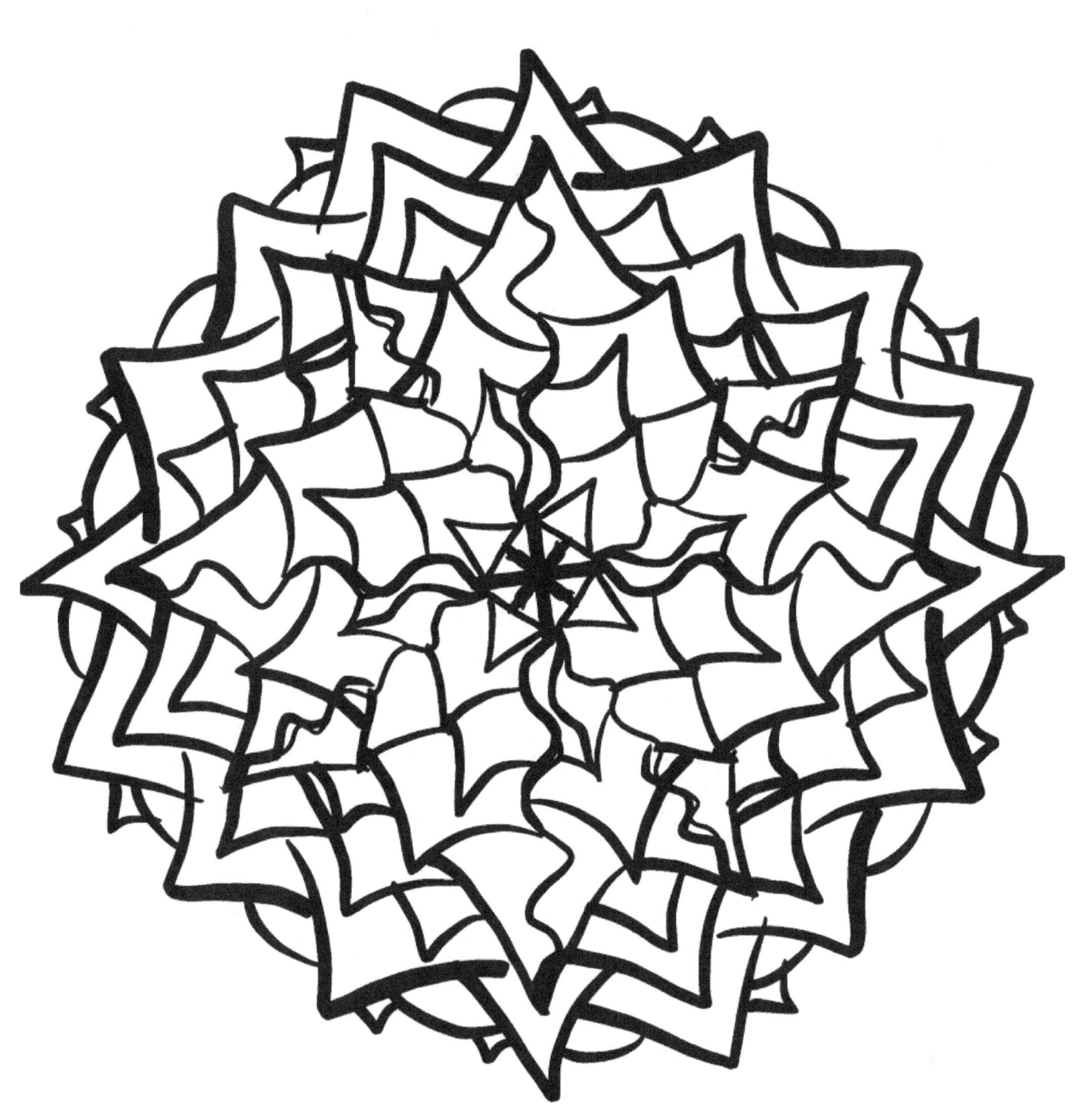

BELIEVE

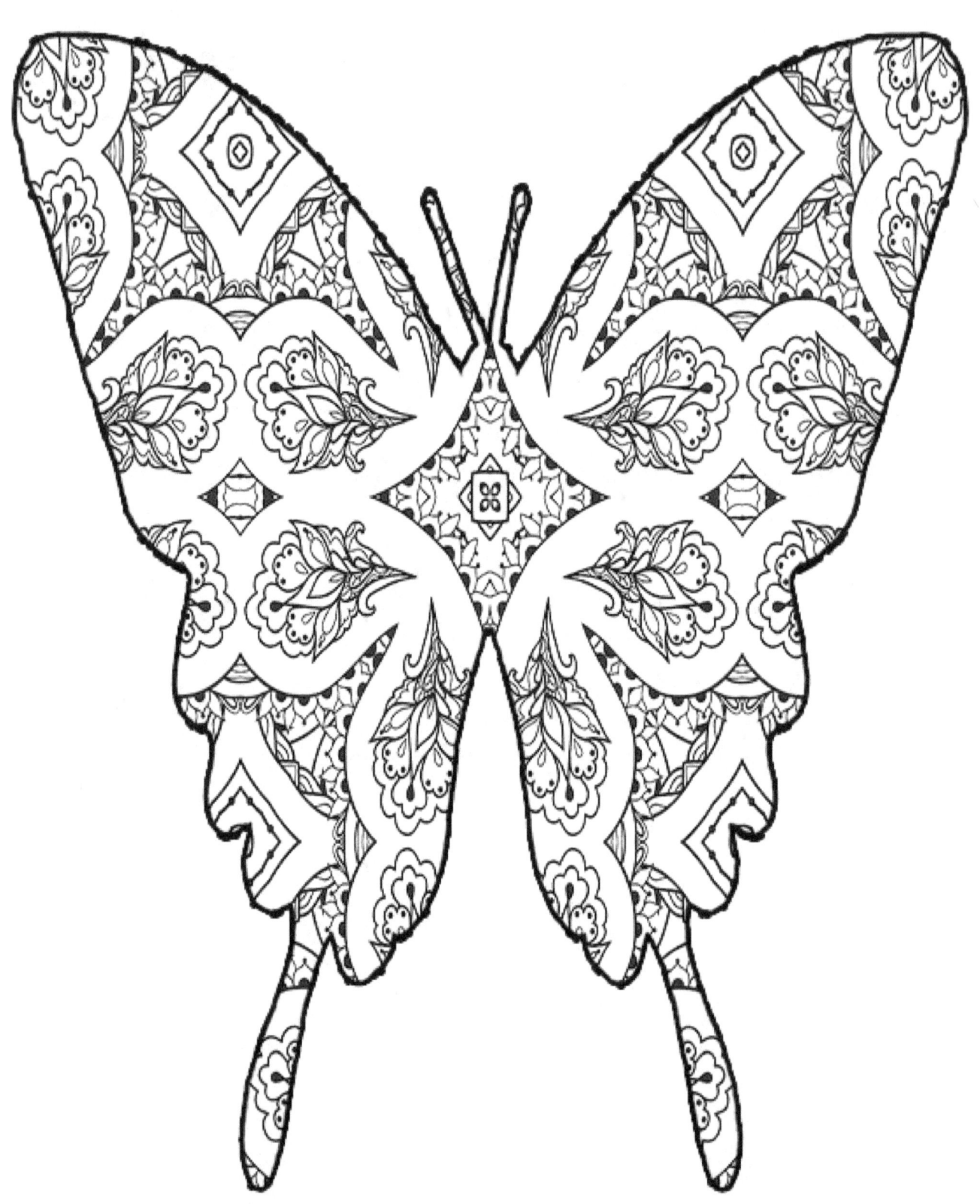

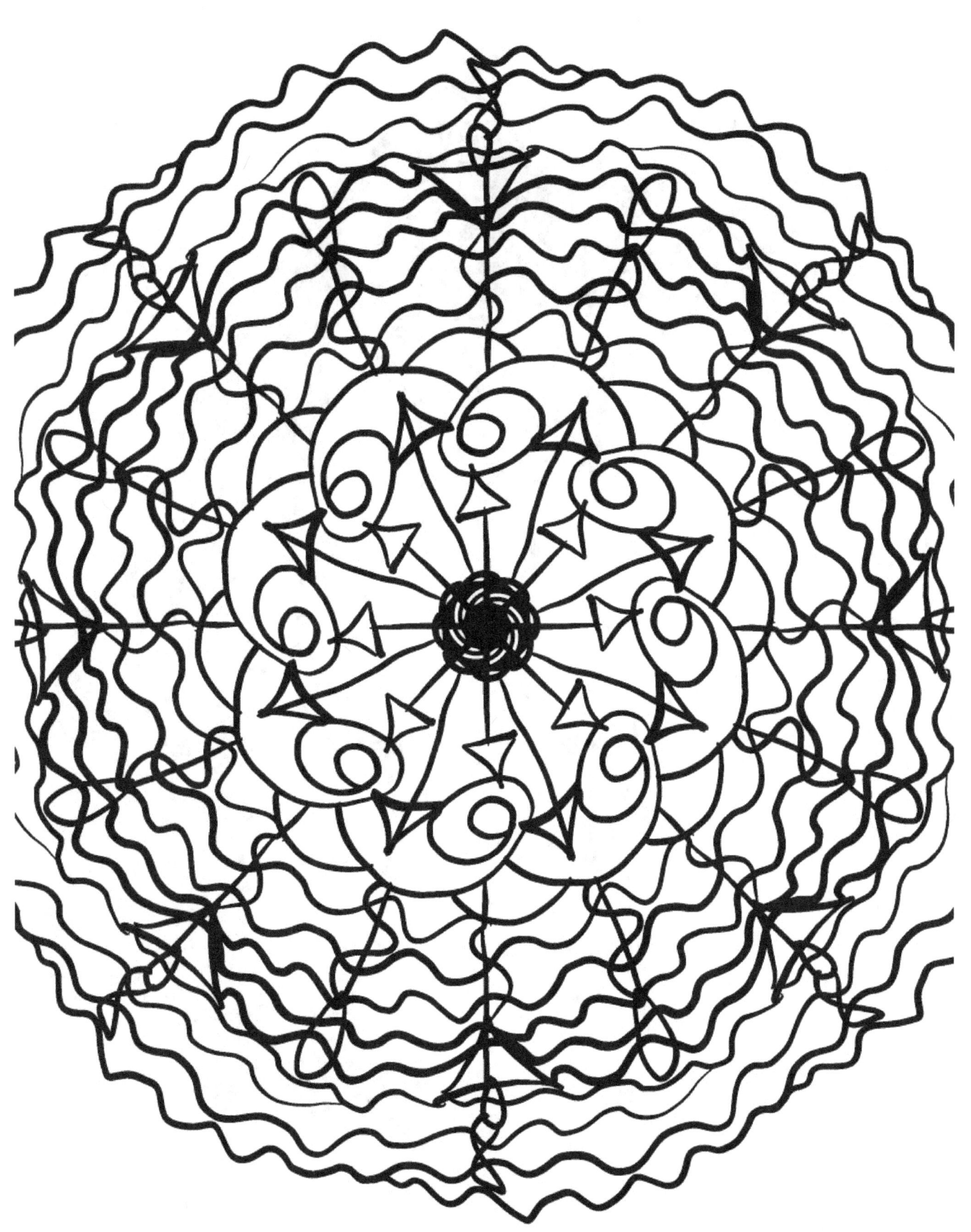

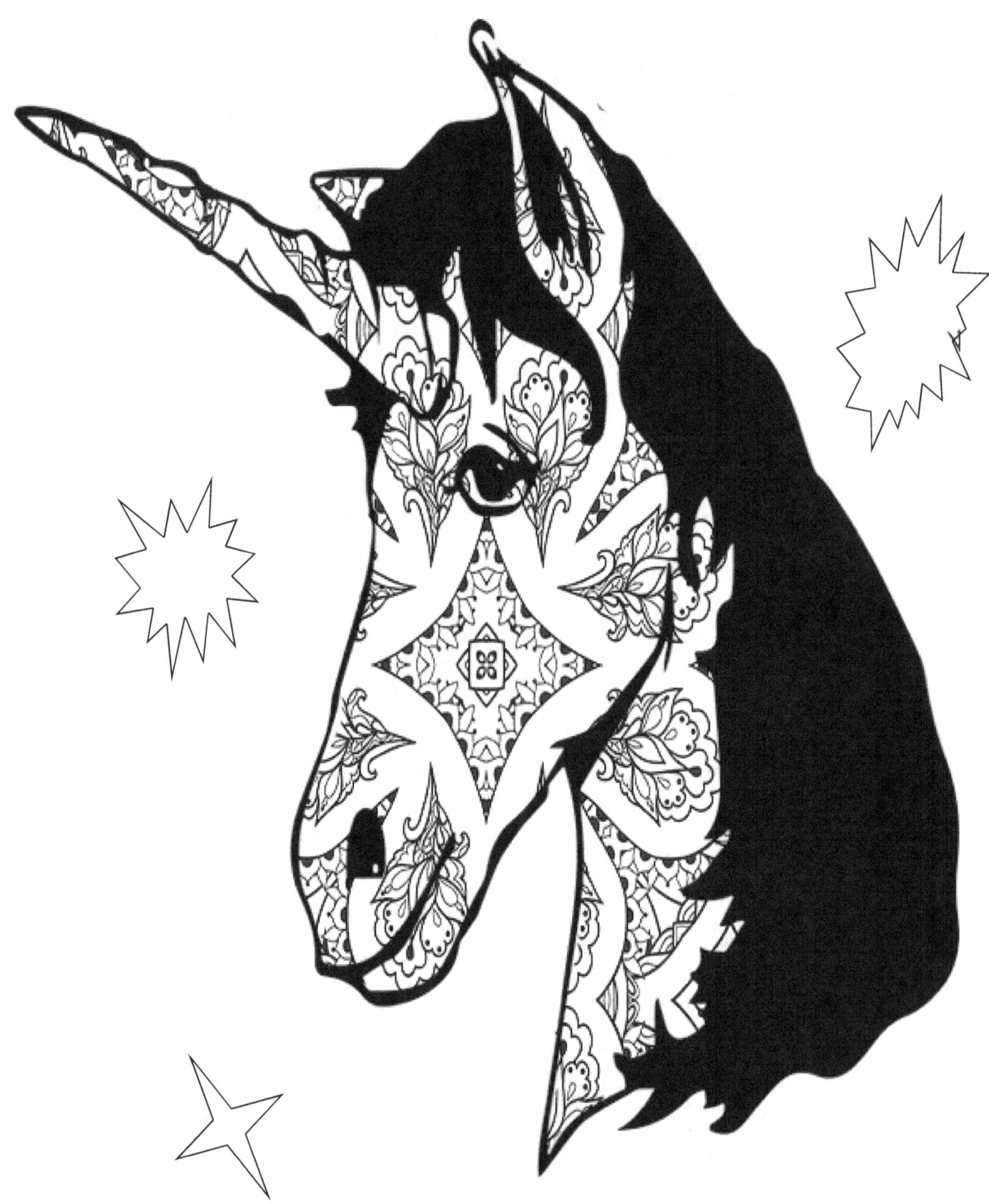

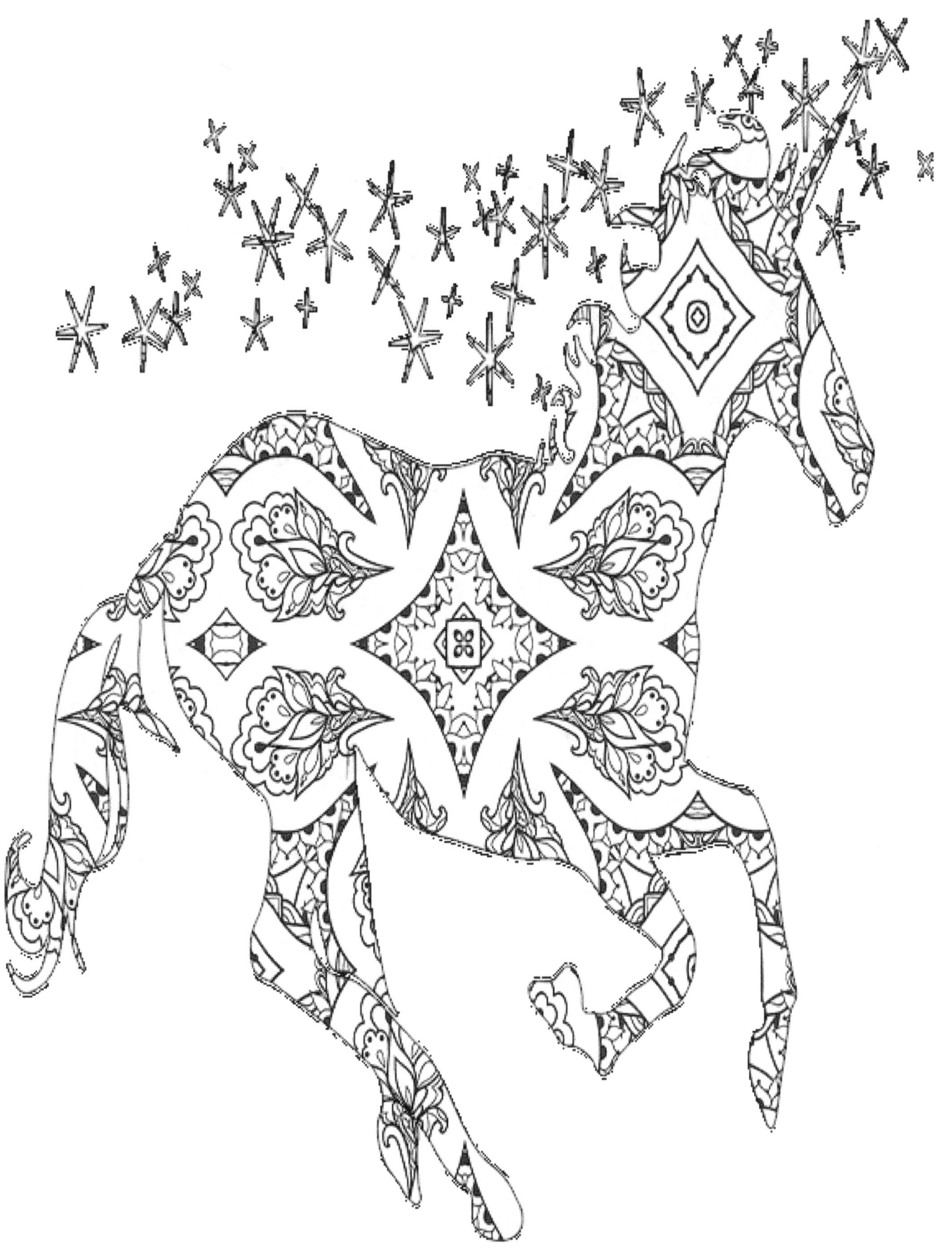

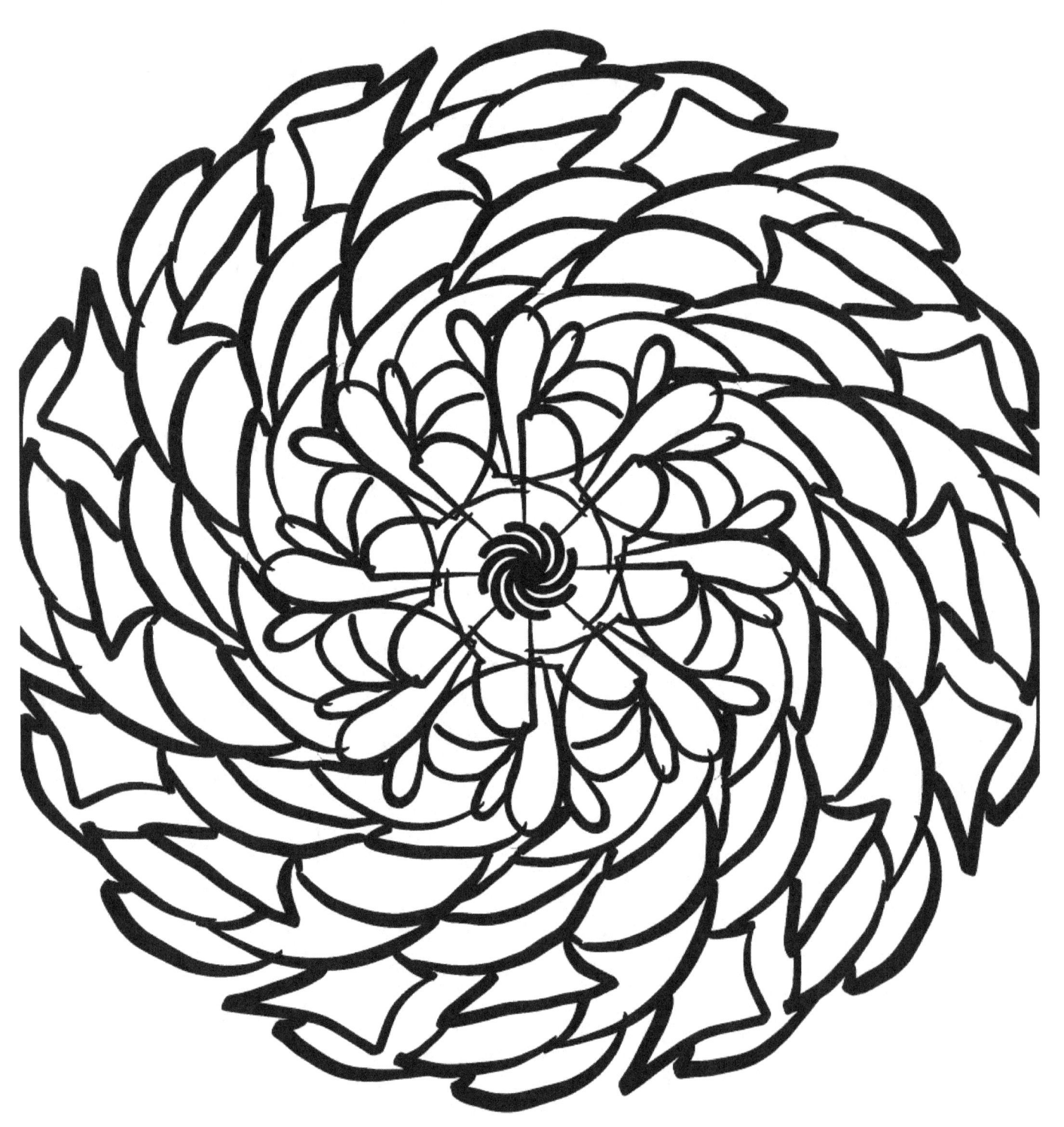

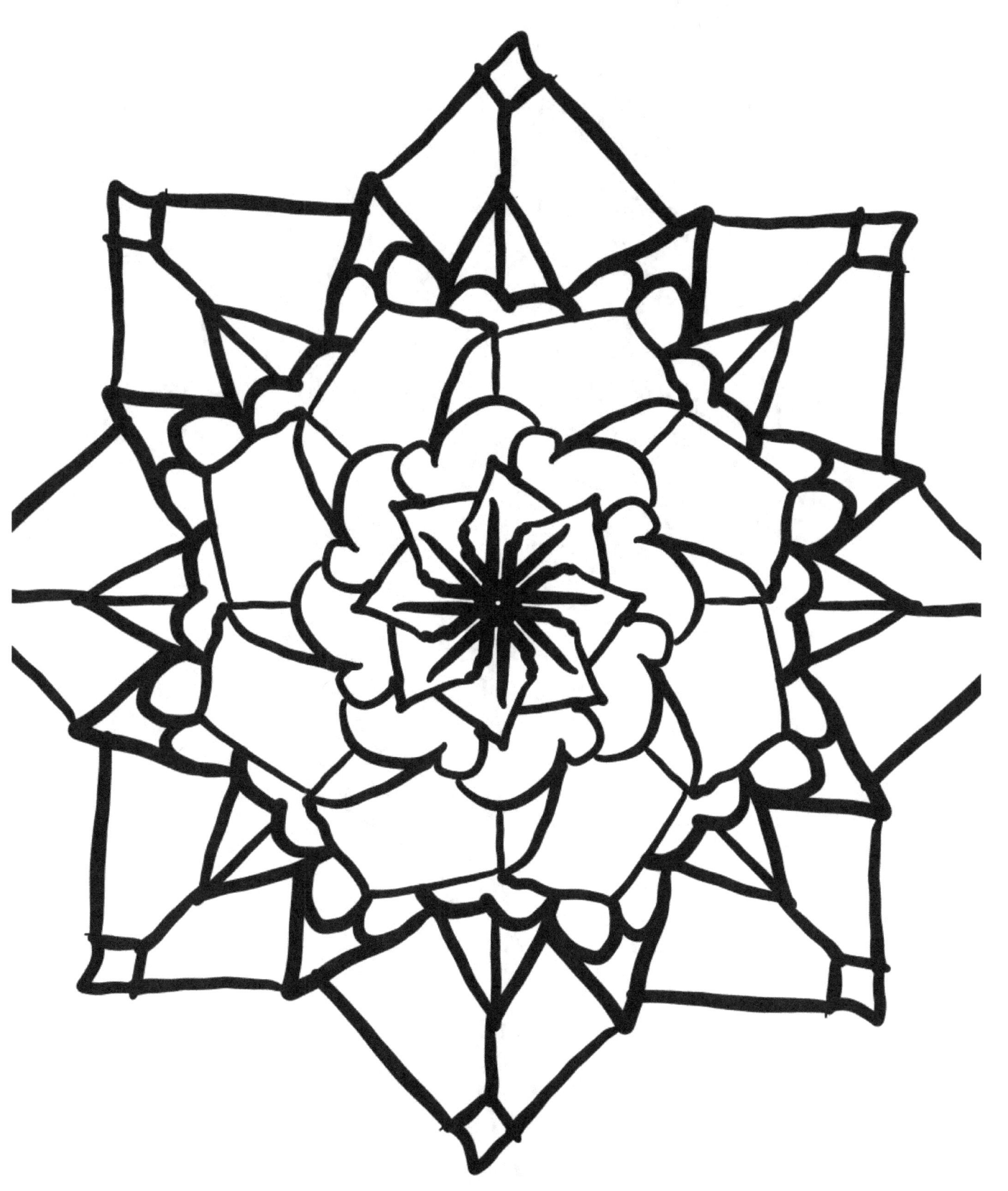

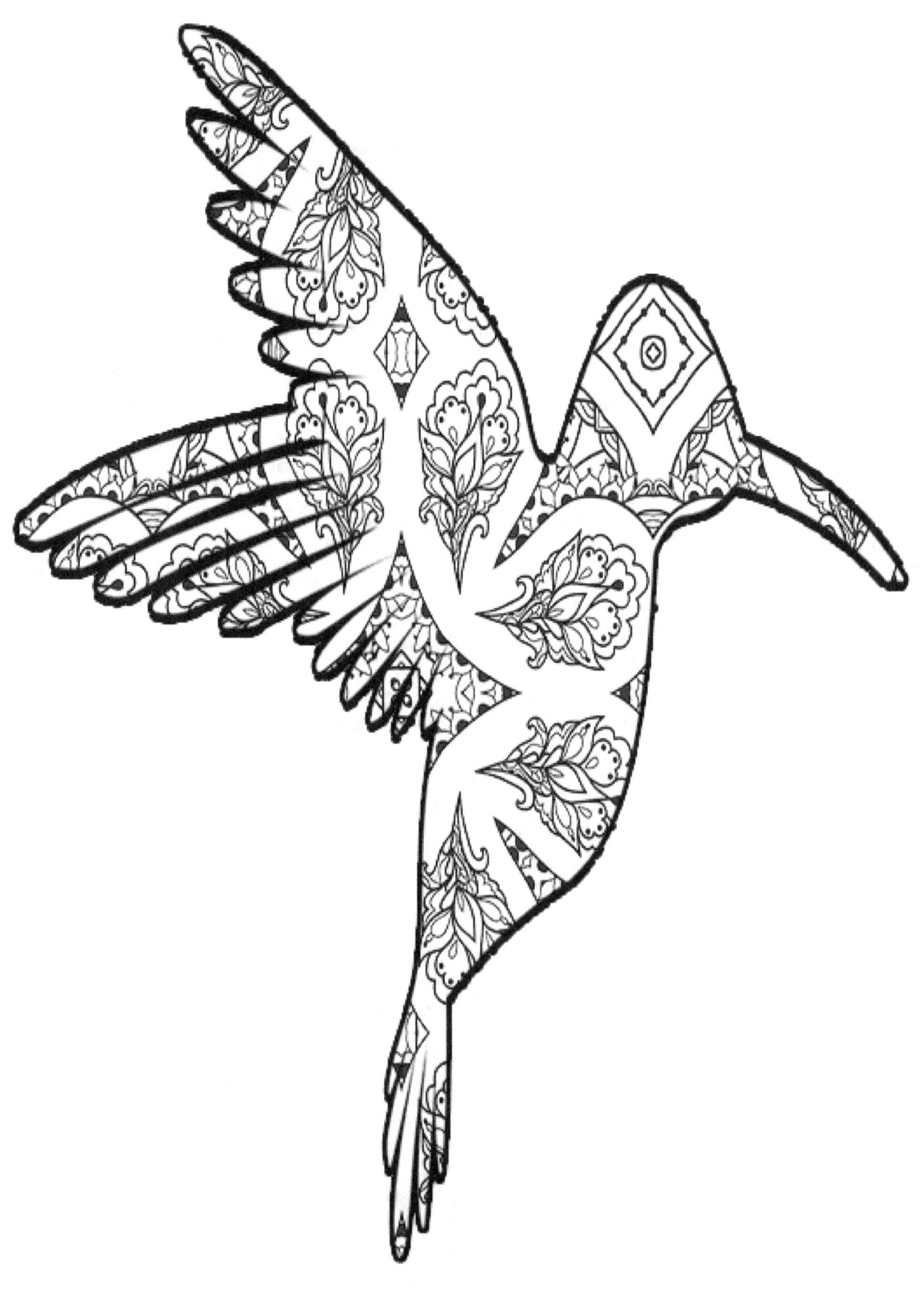

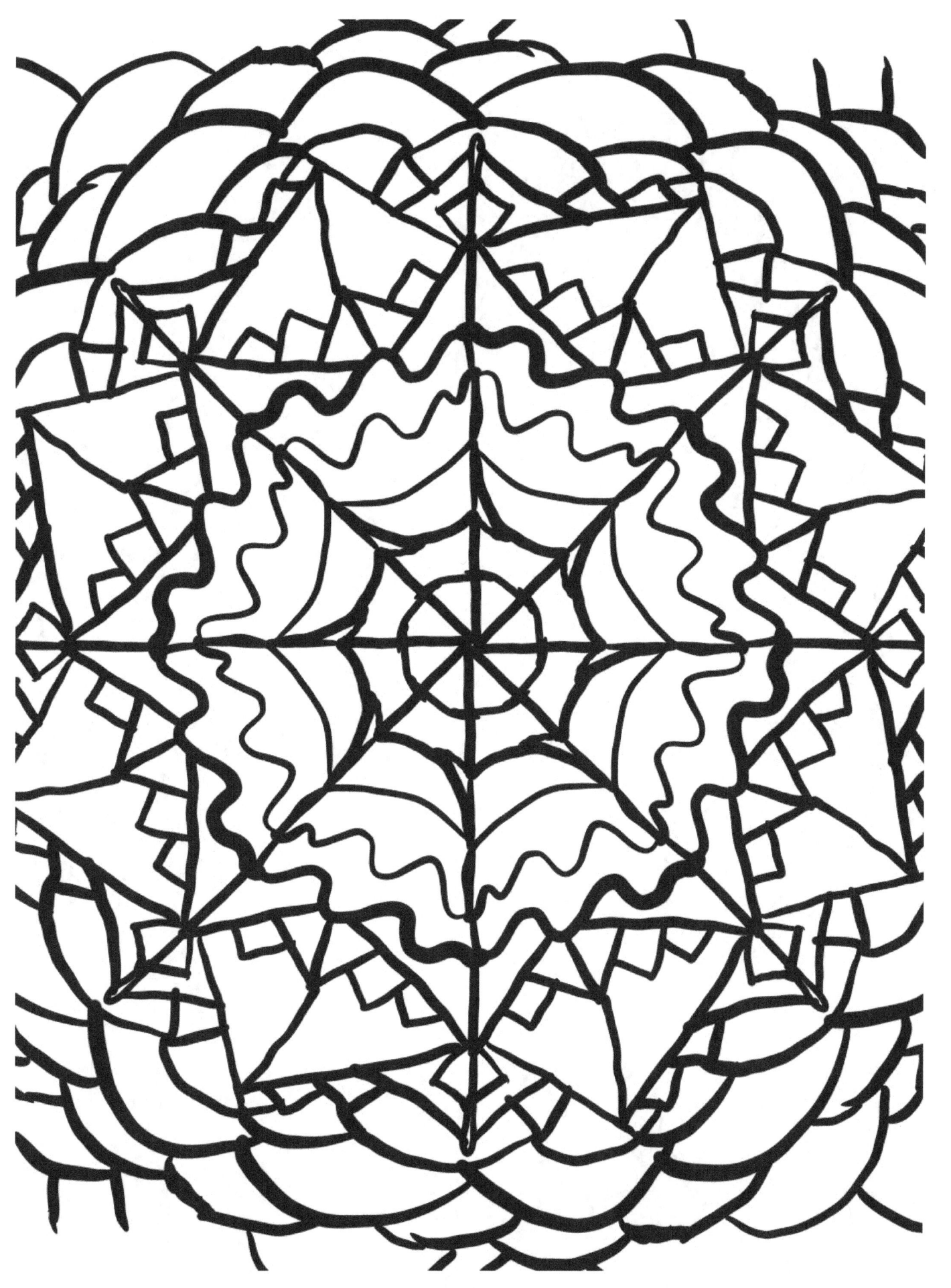

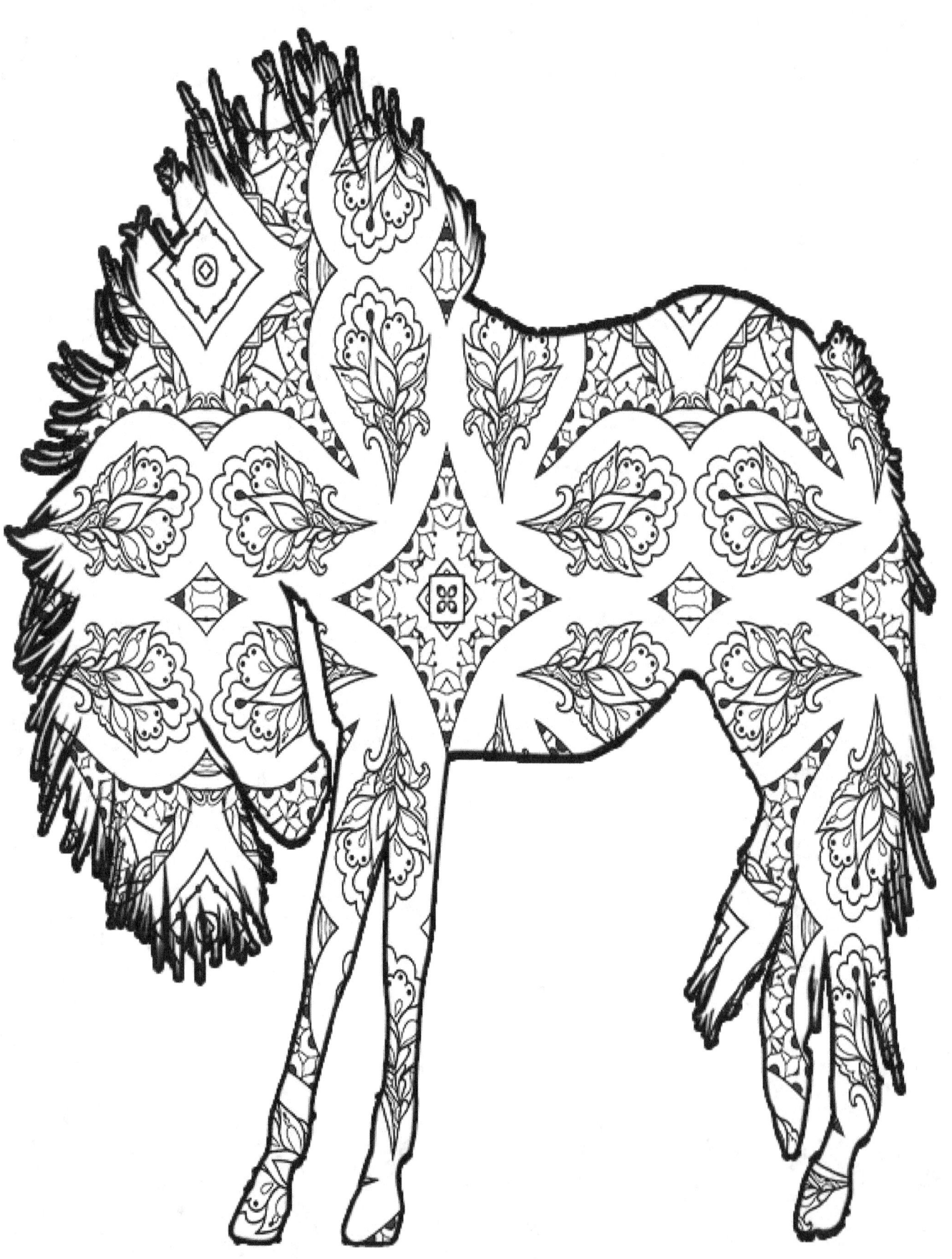

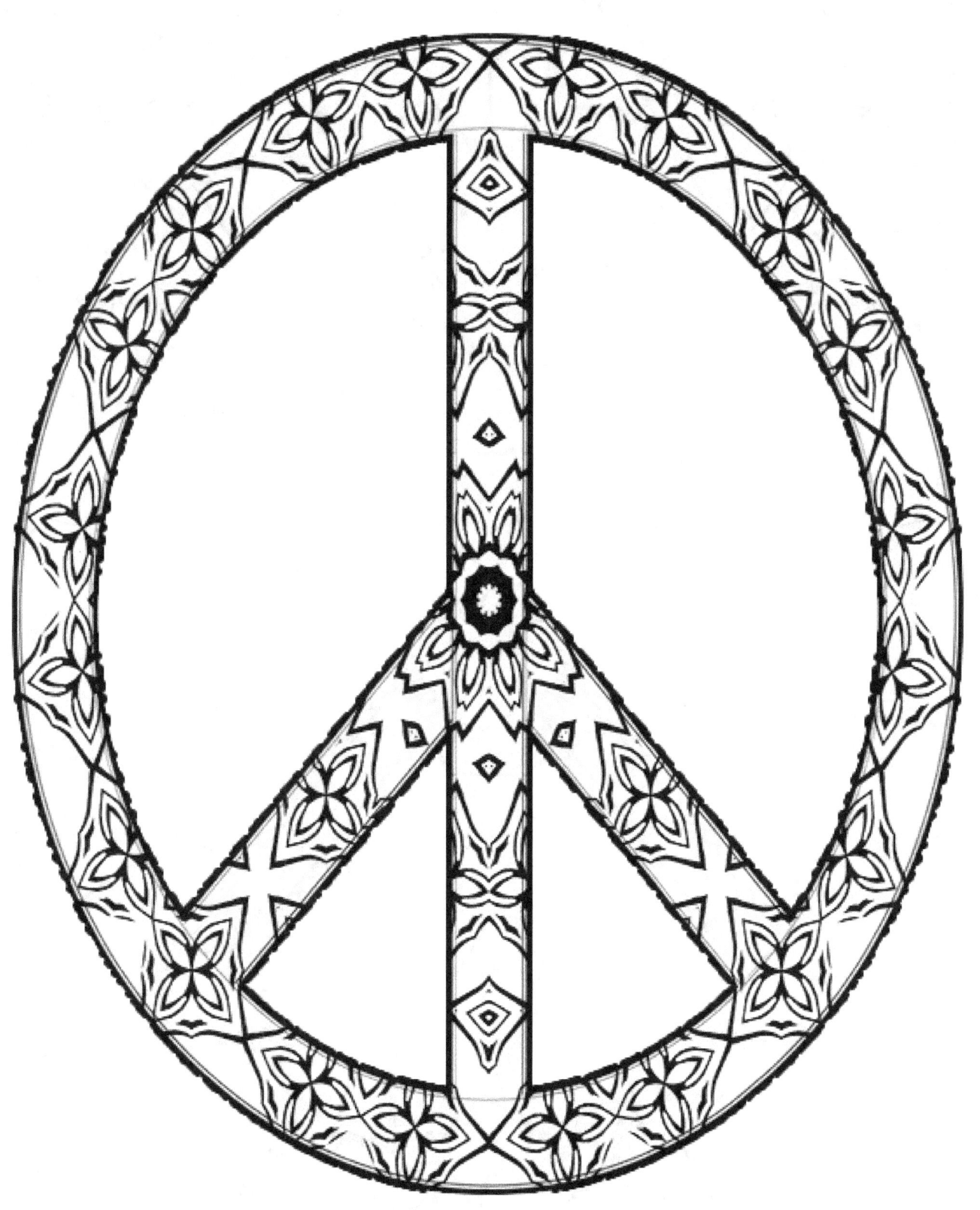

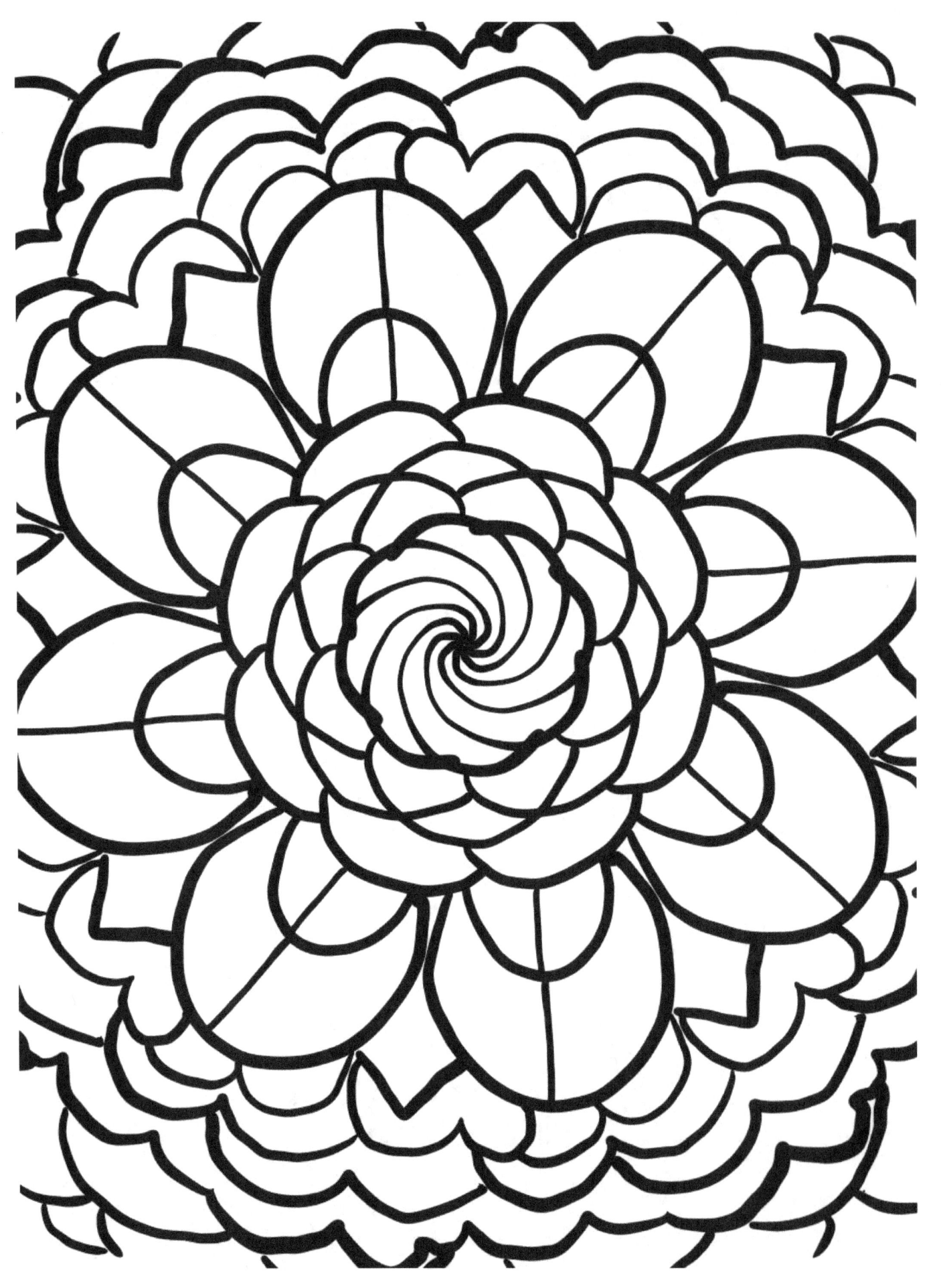

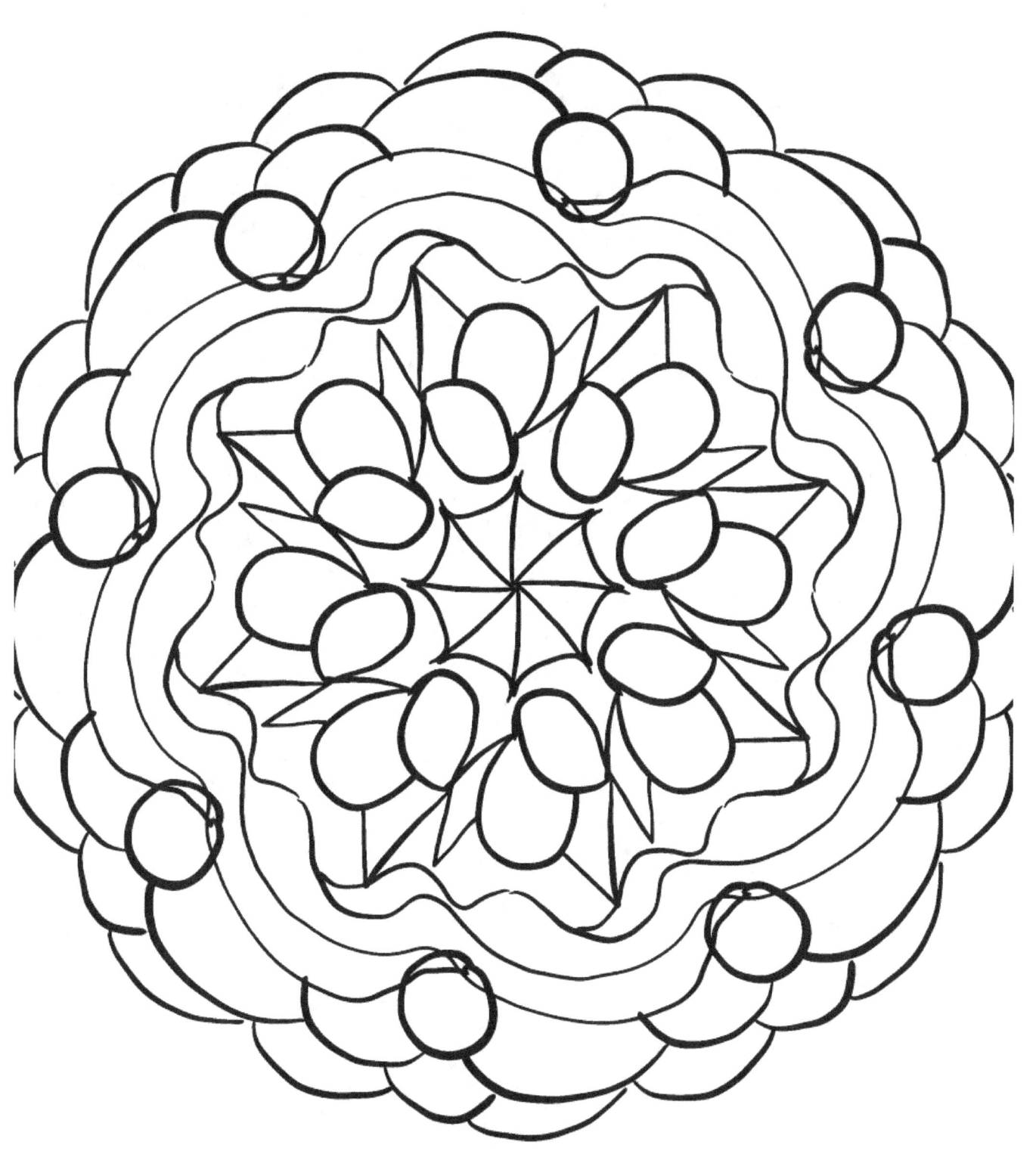

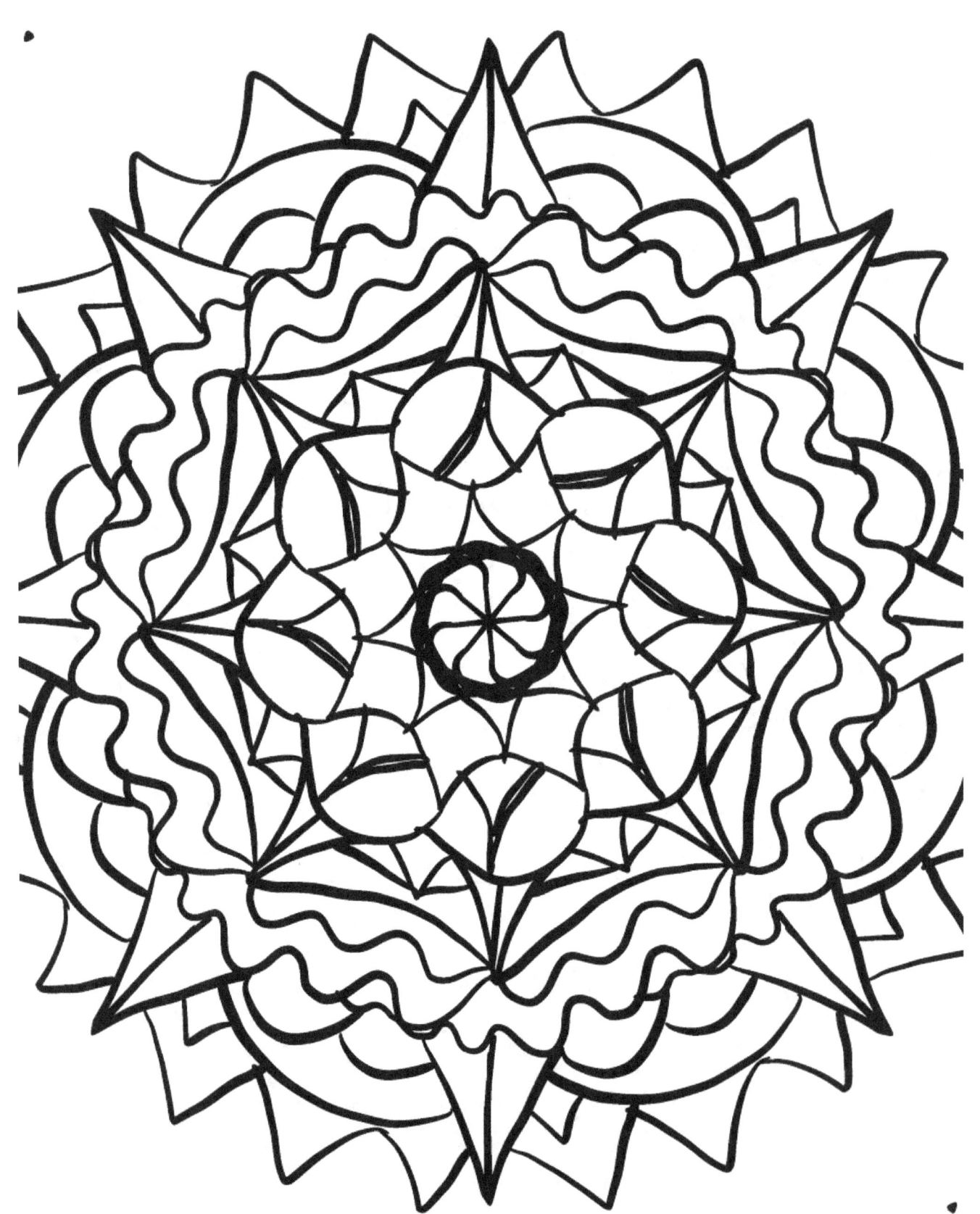

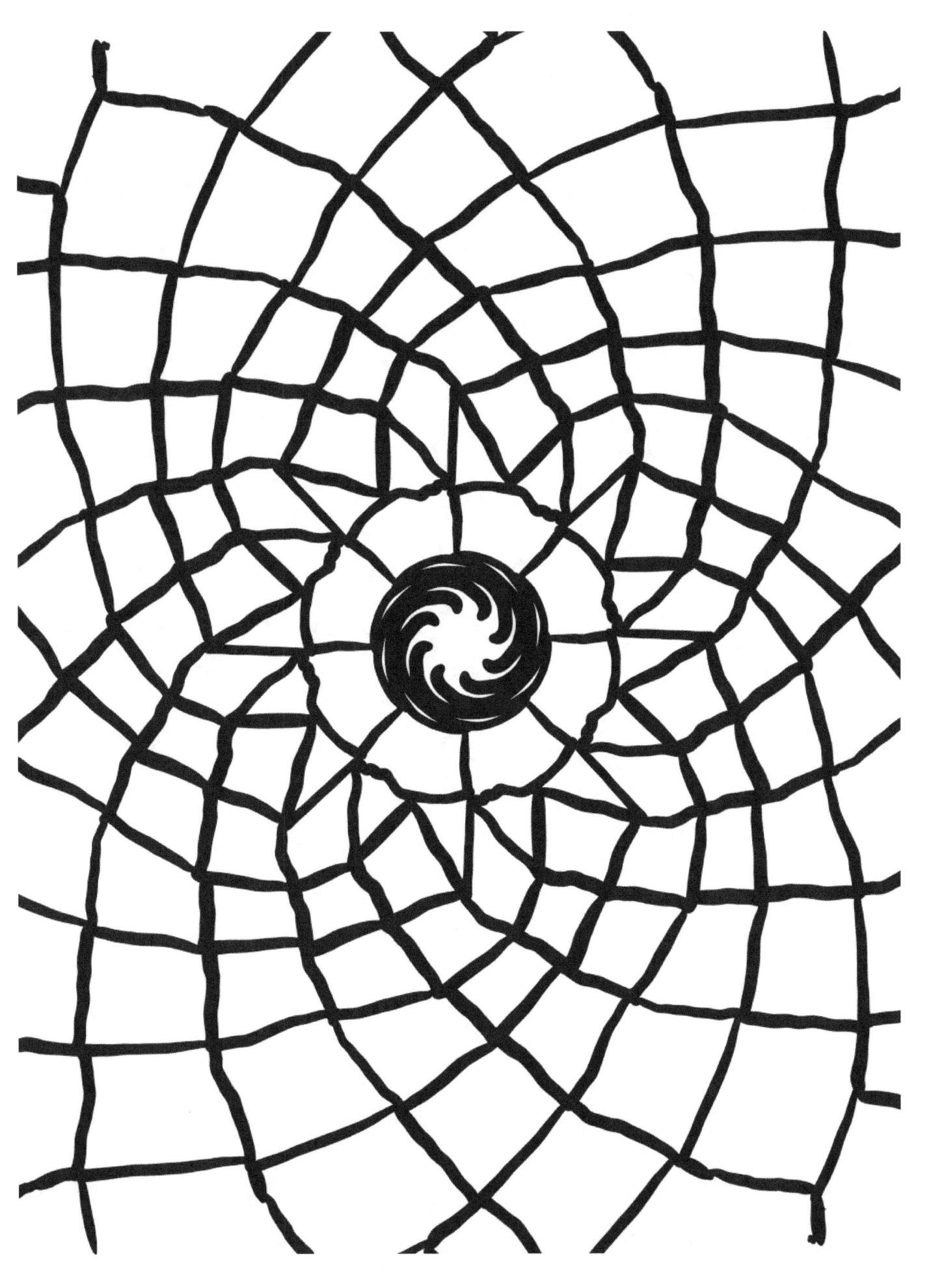

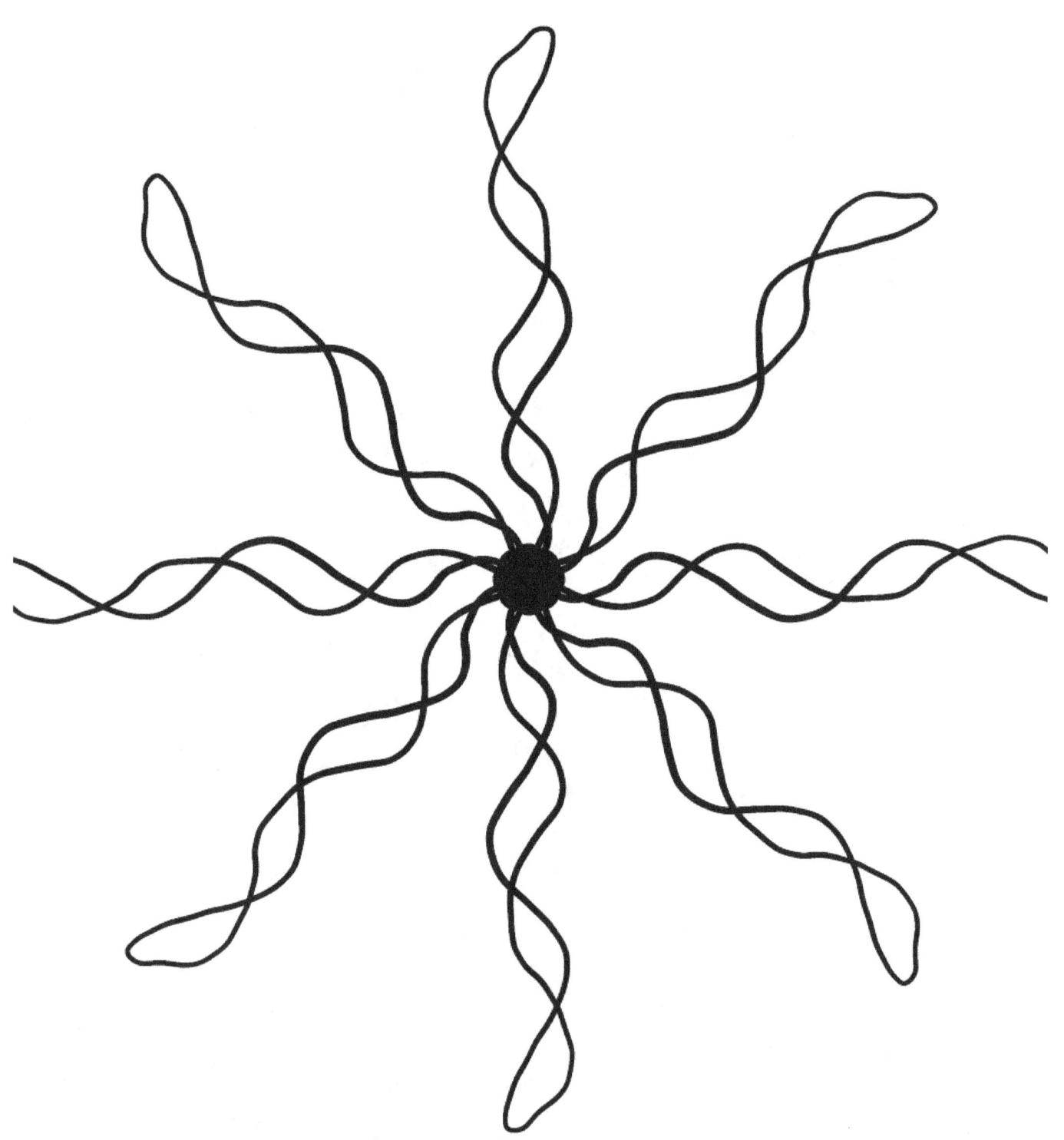

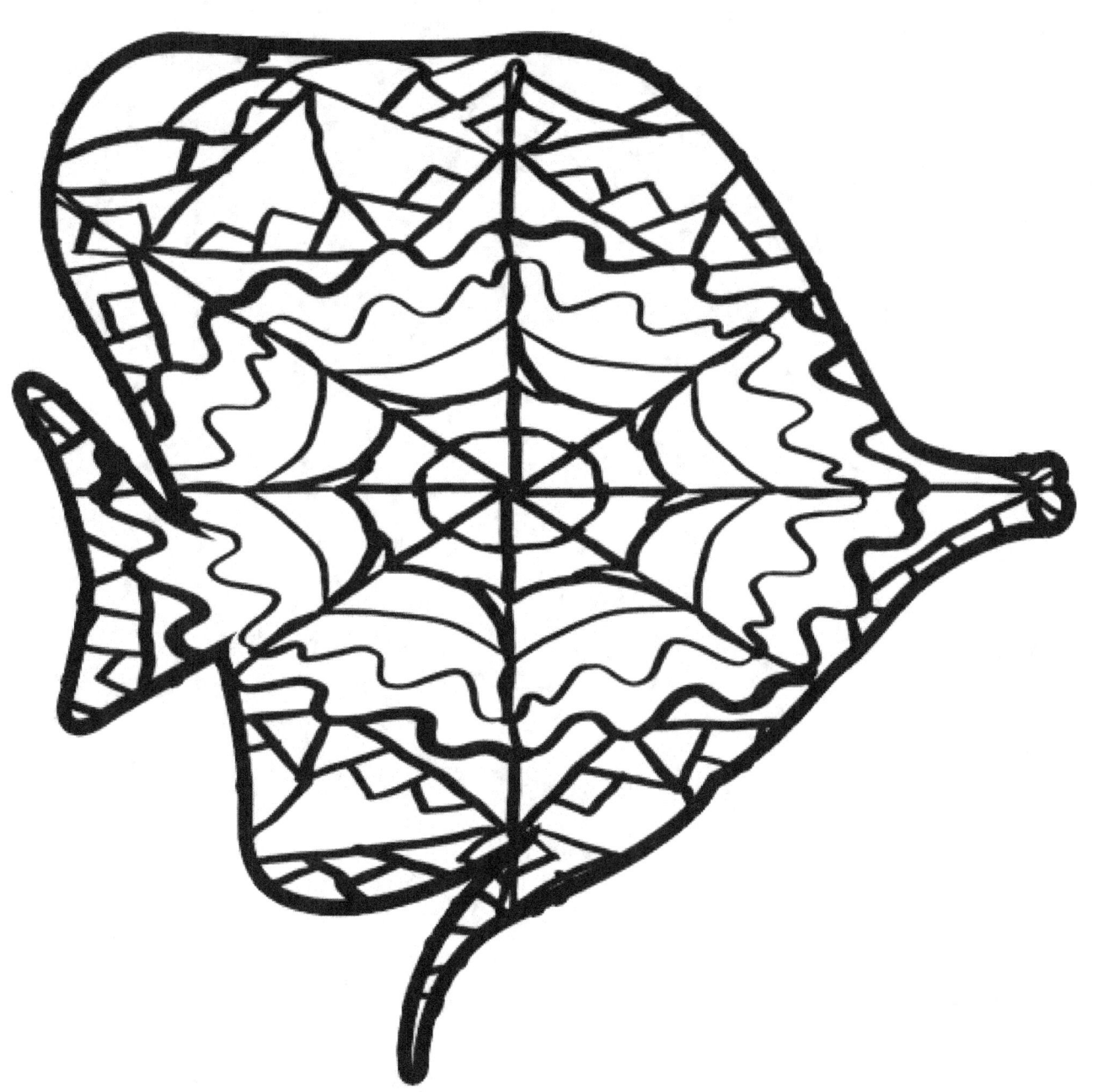

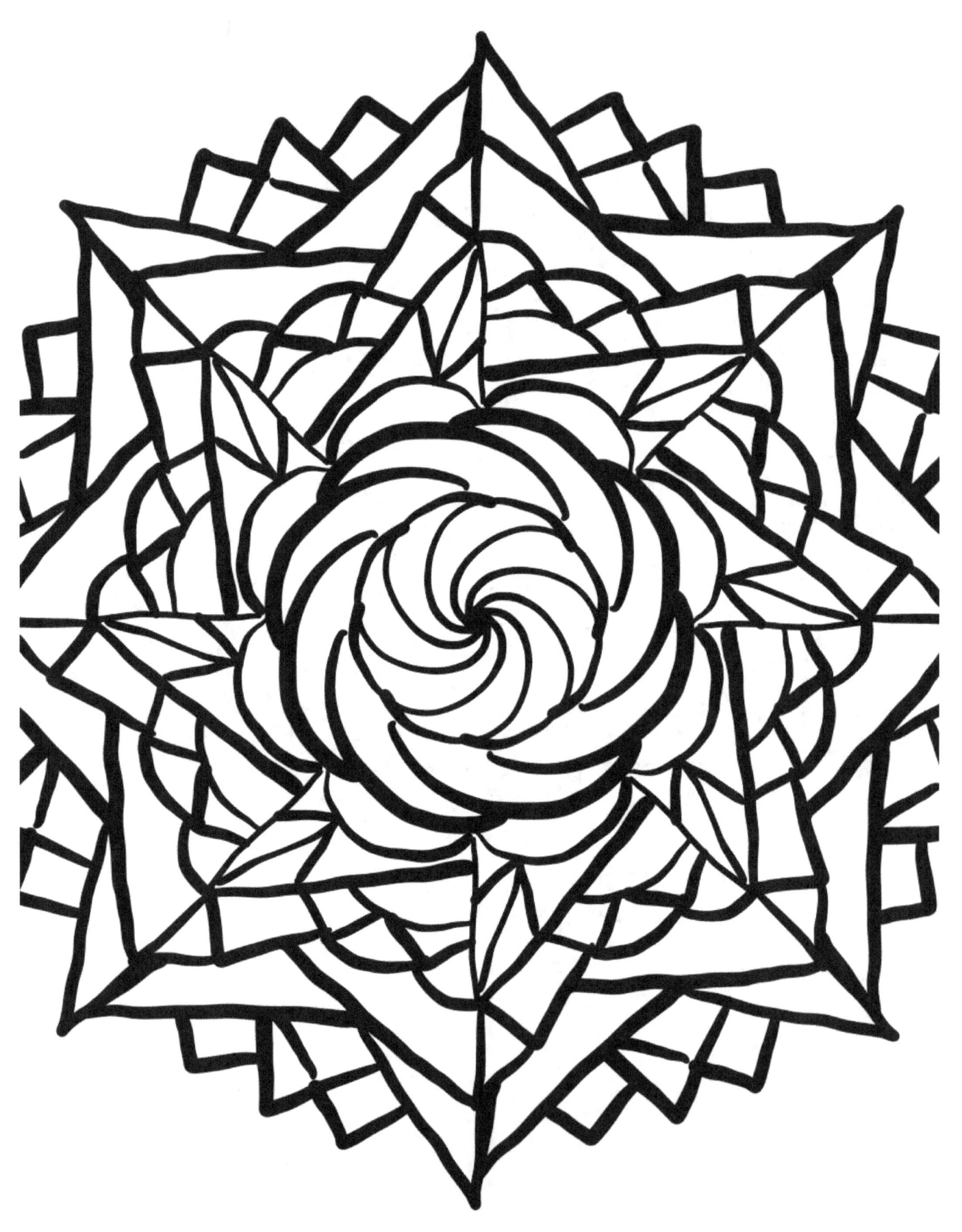

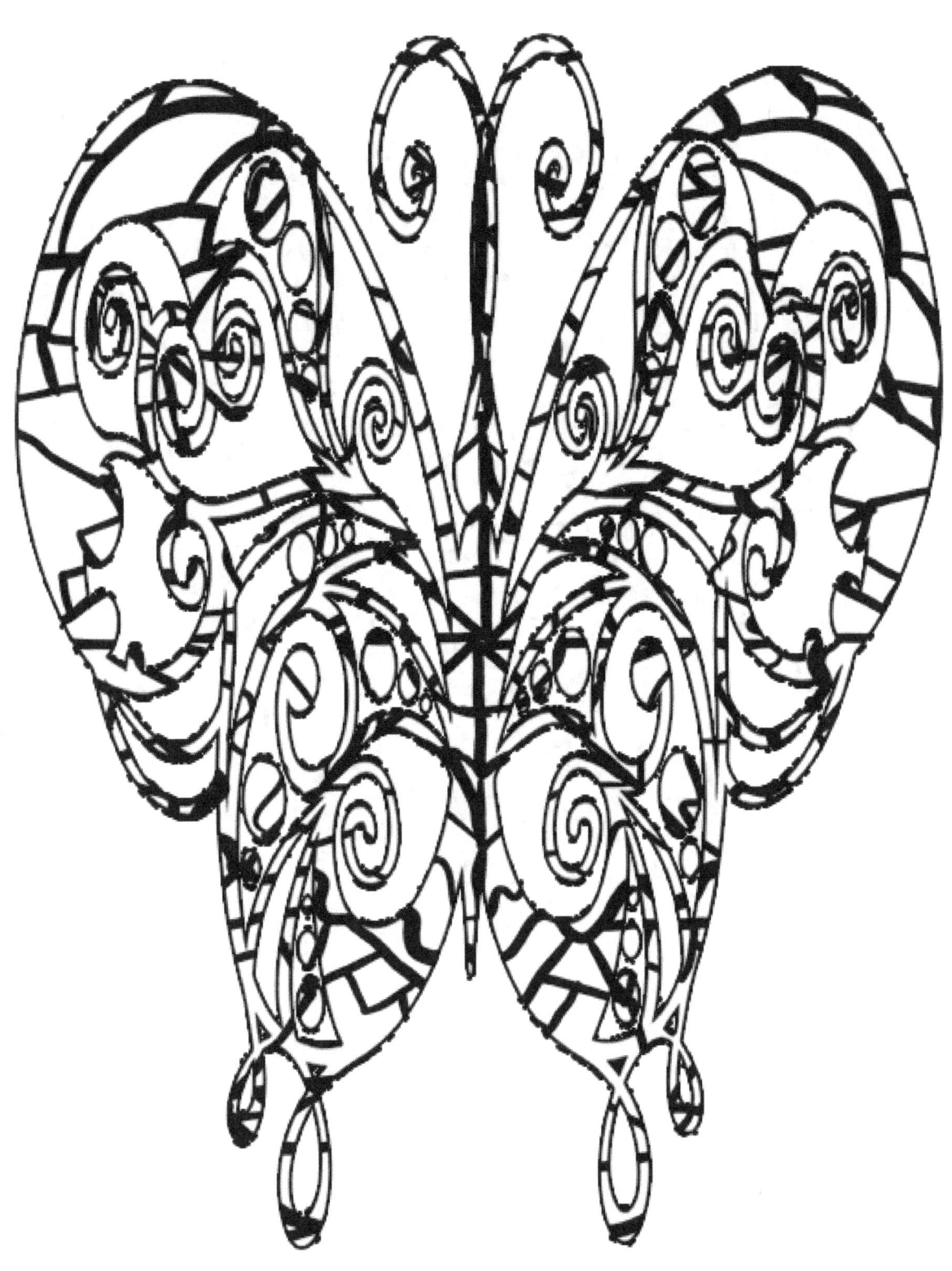

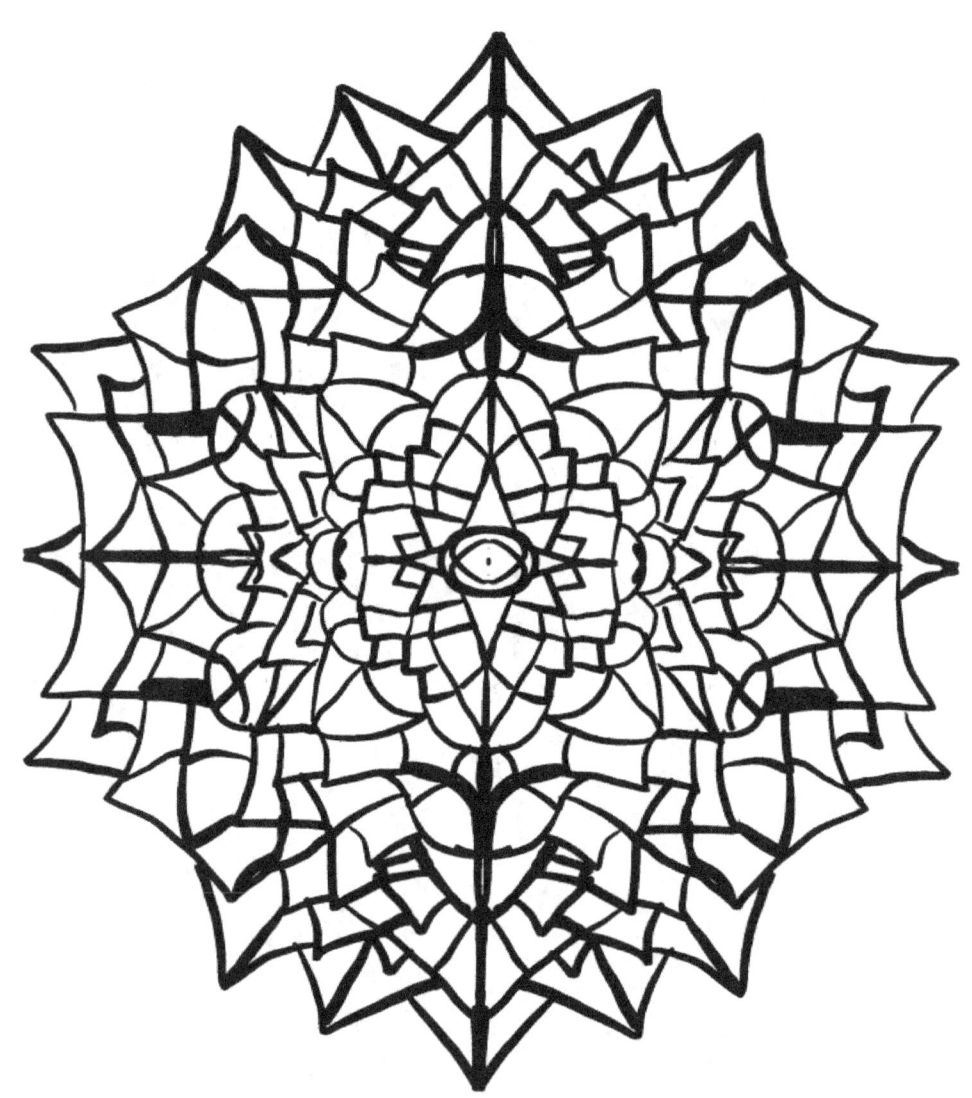

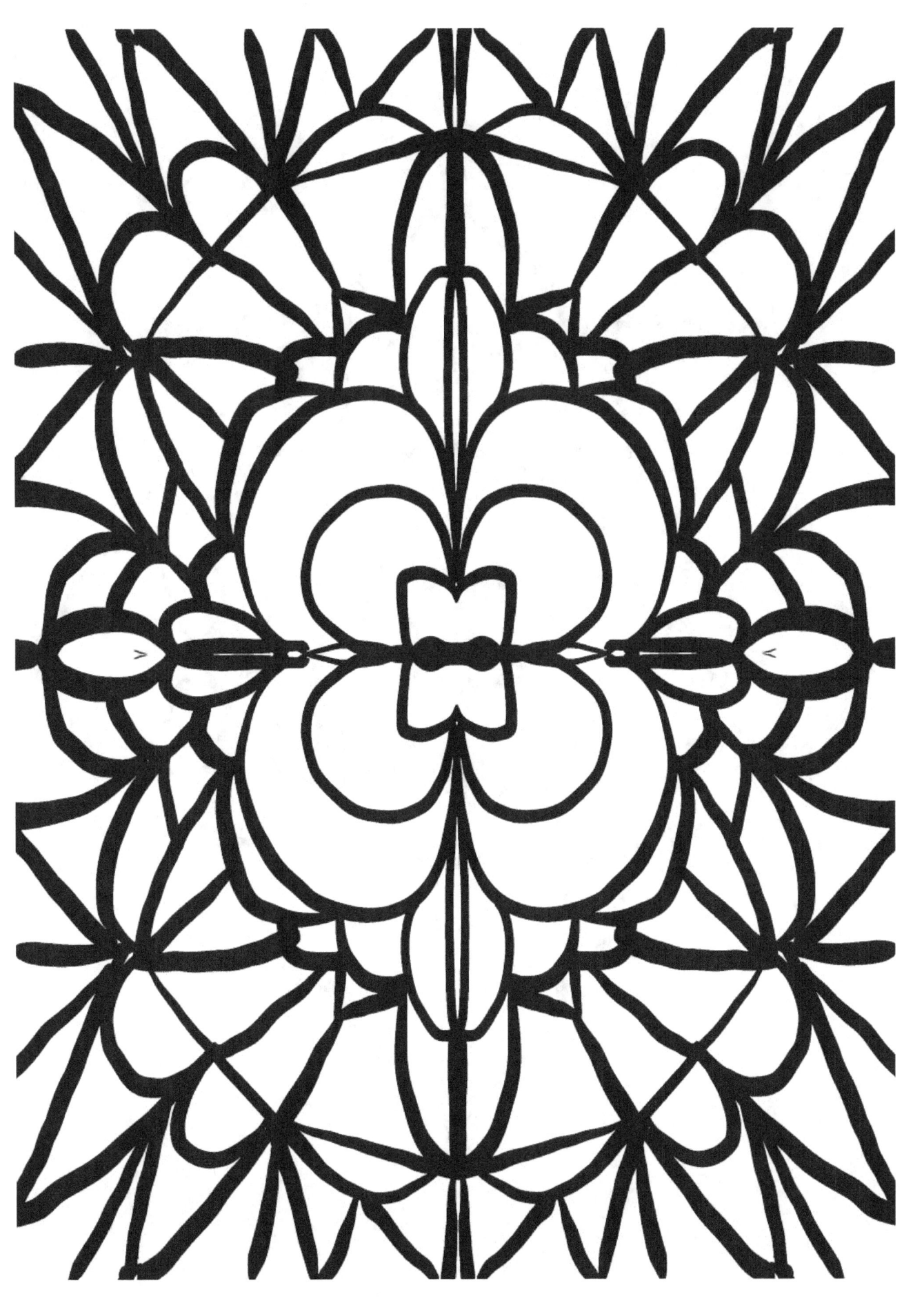

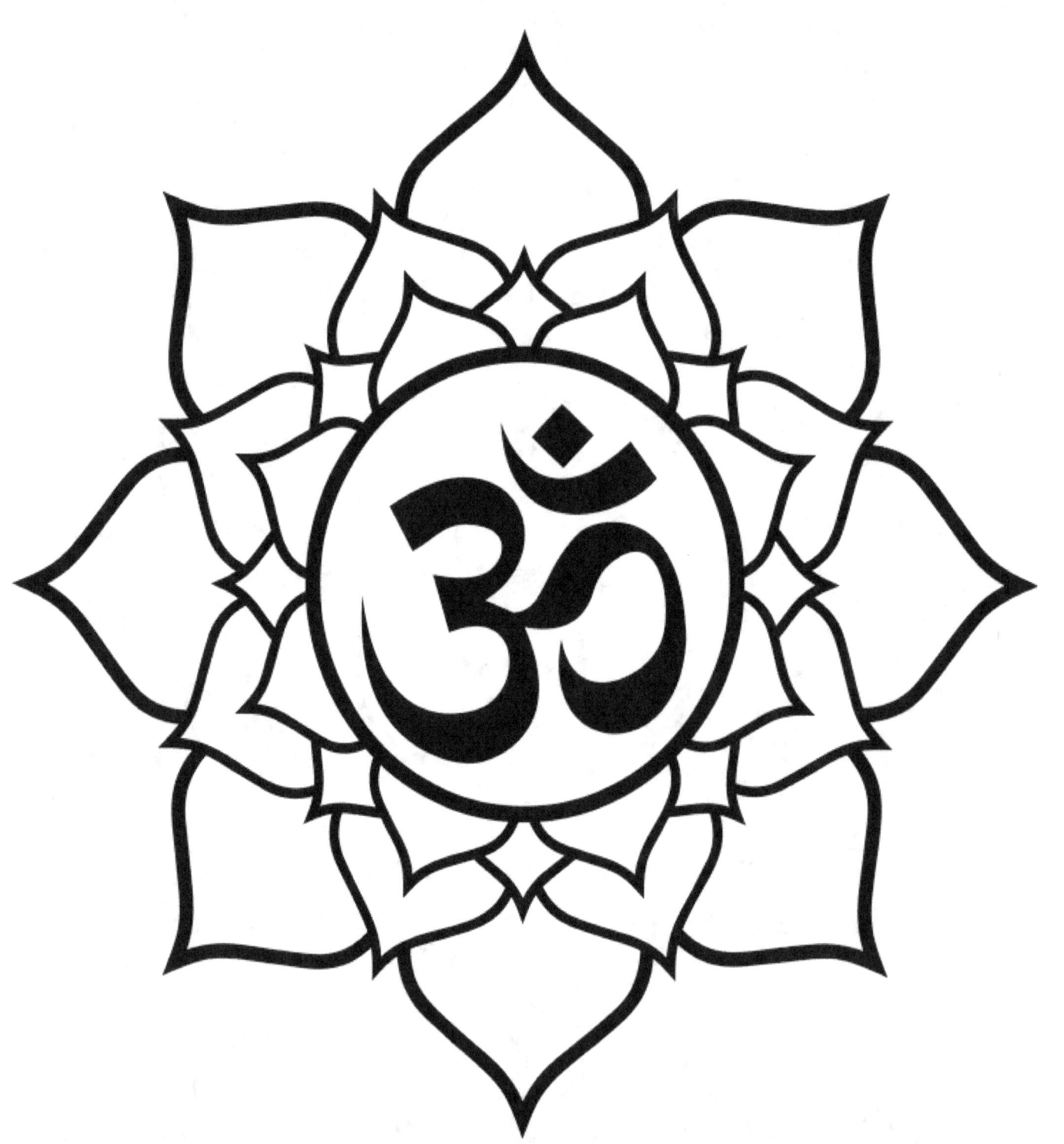

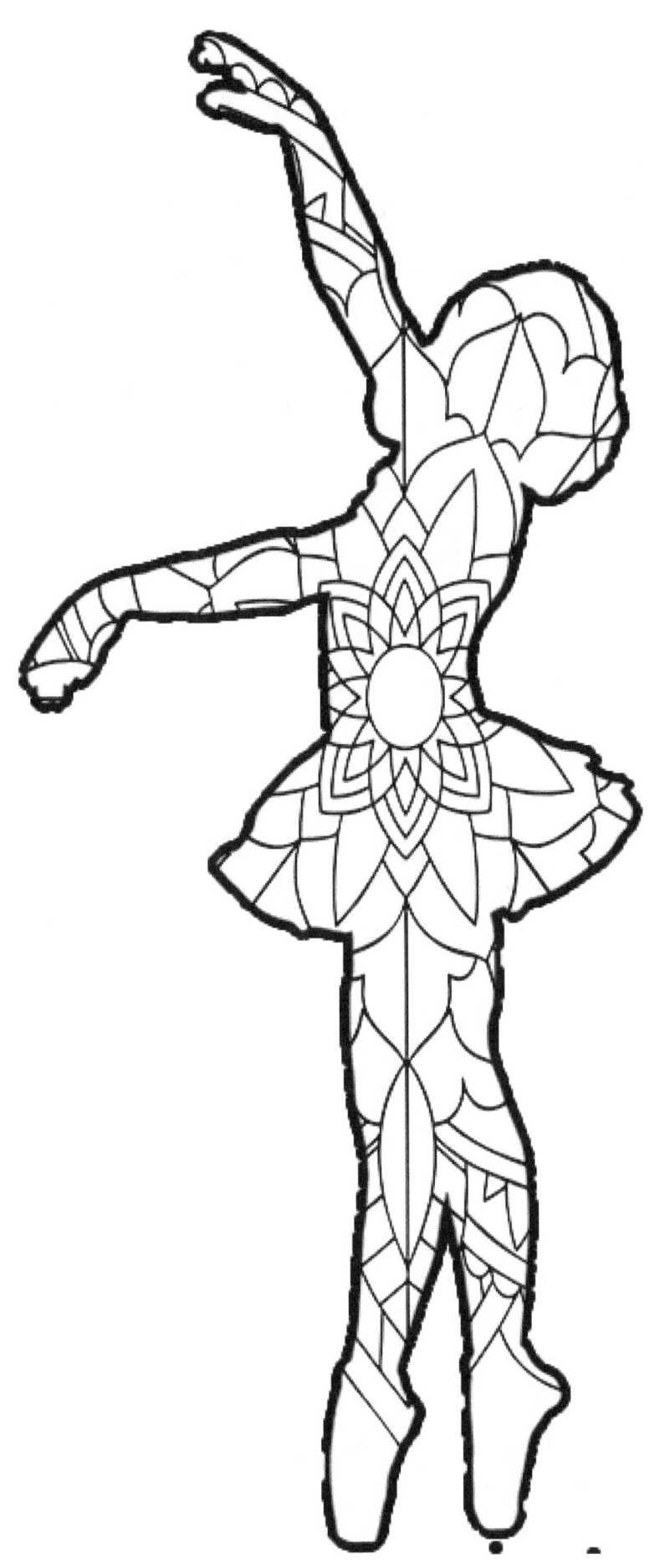

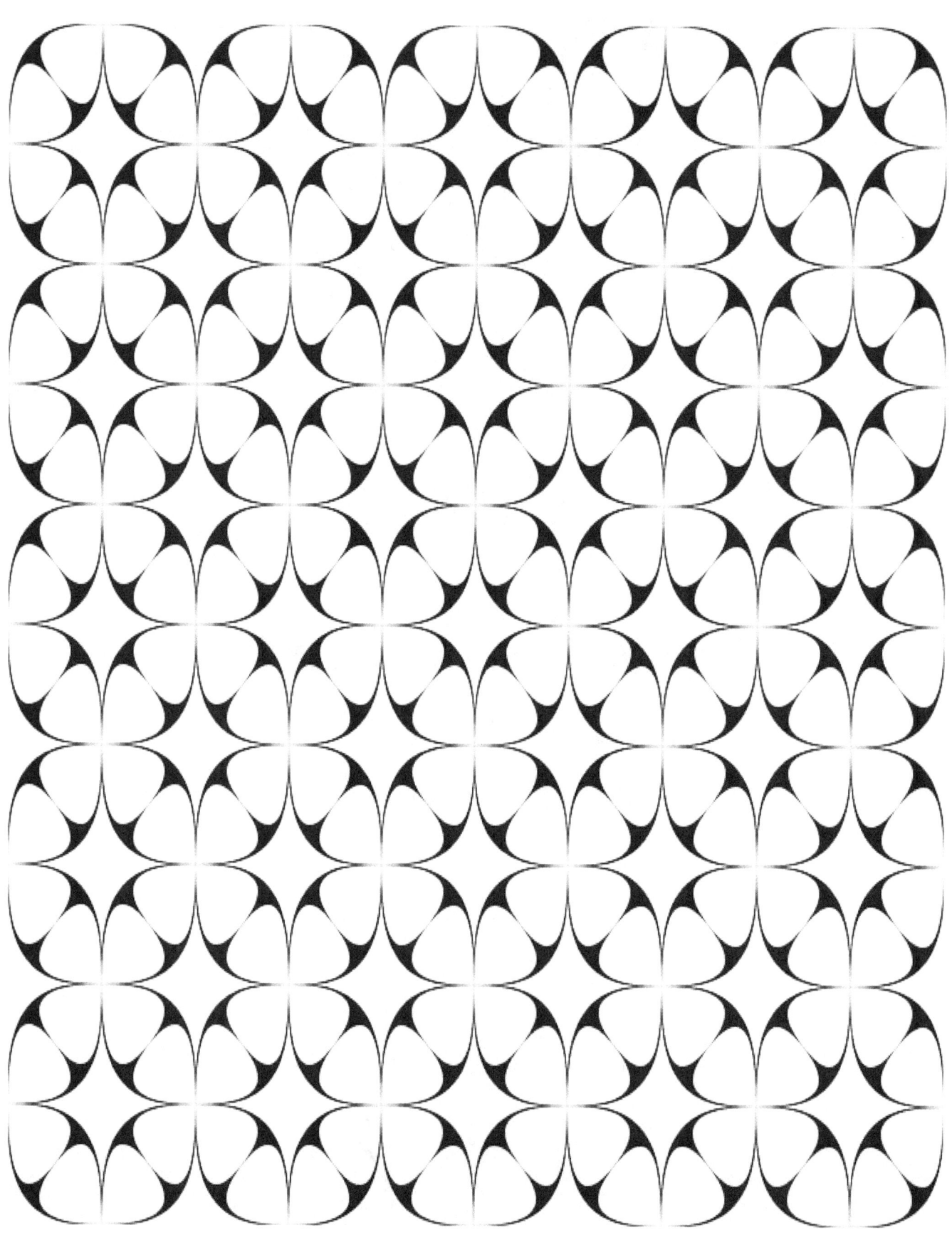

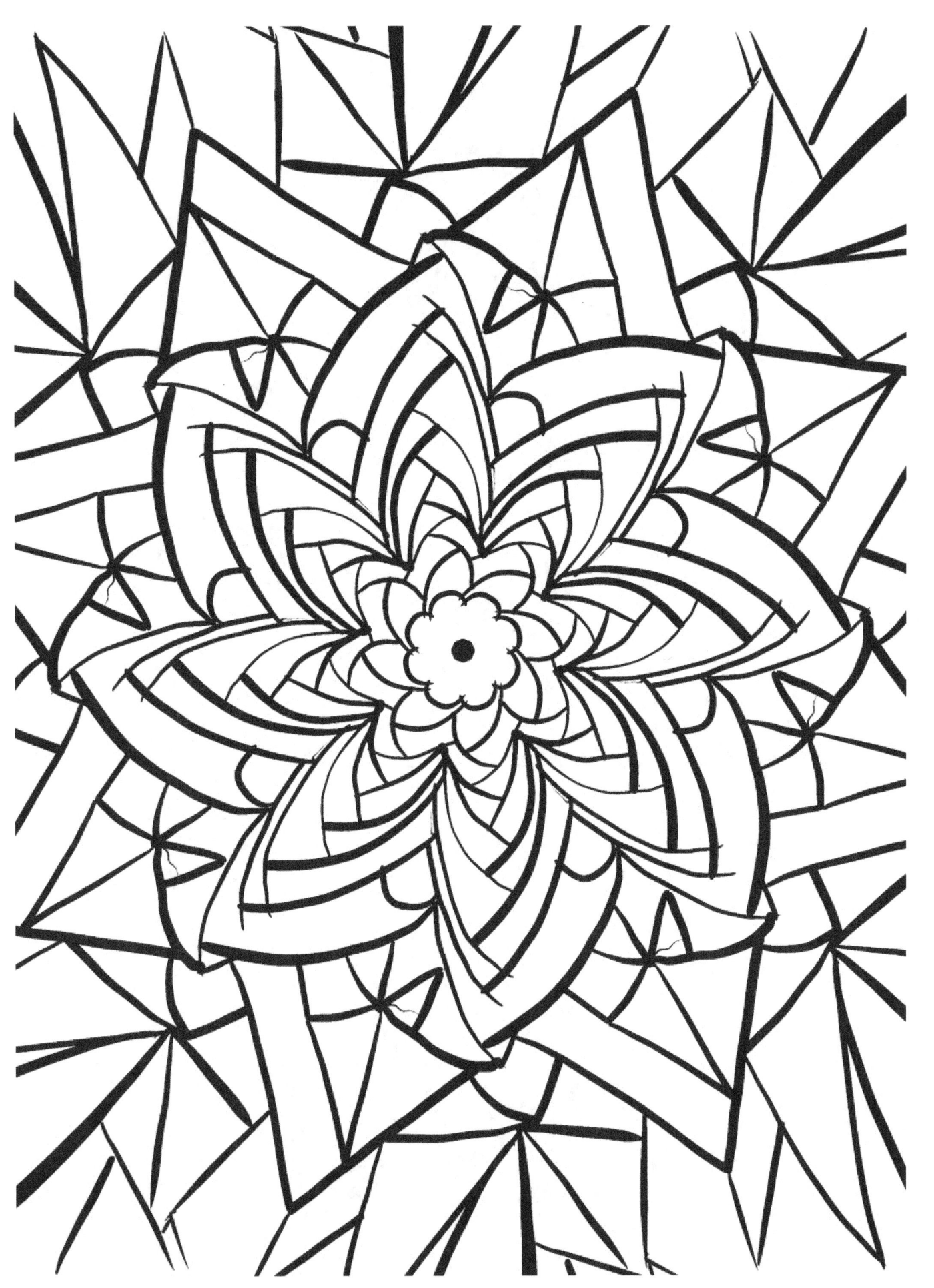

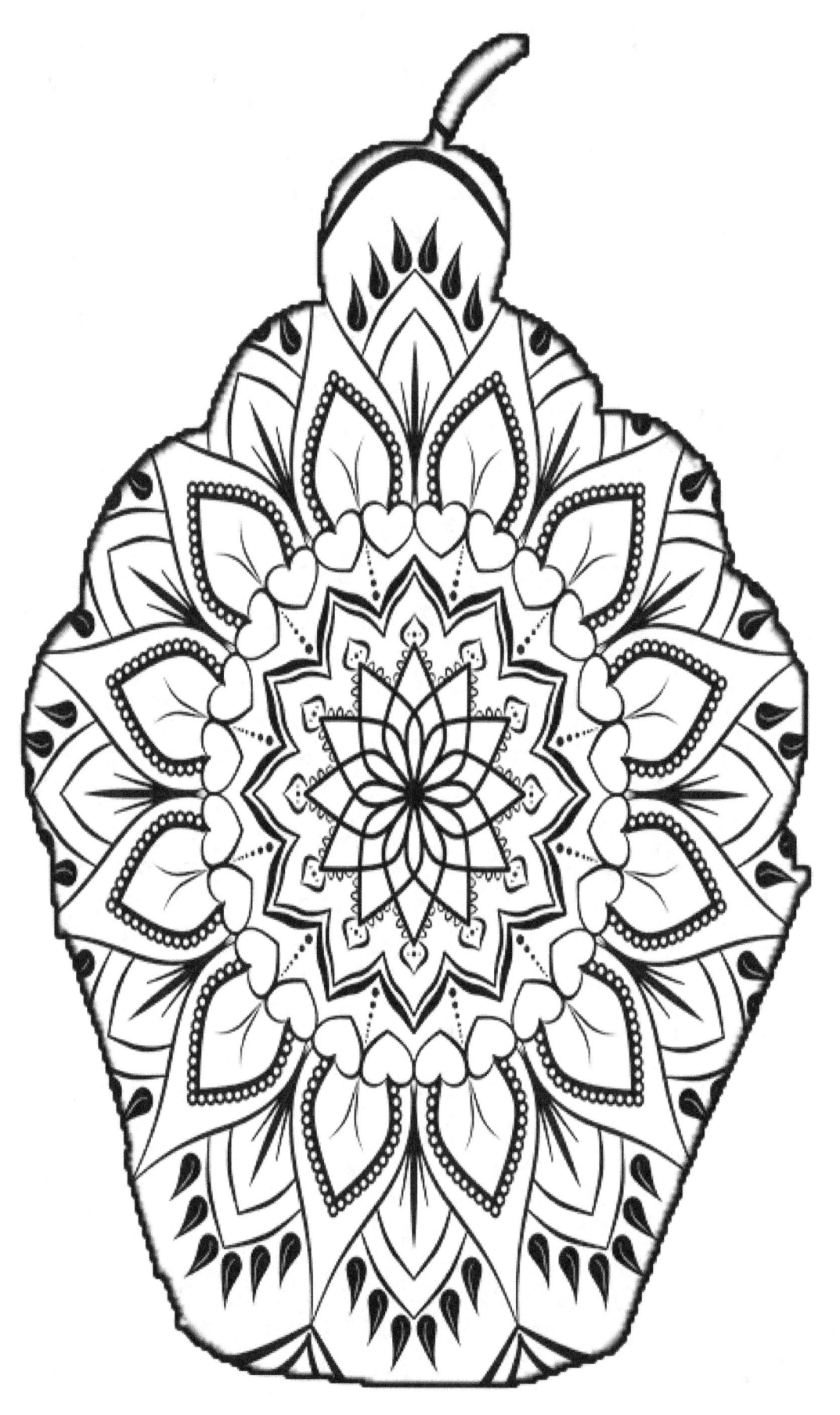

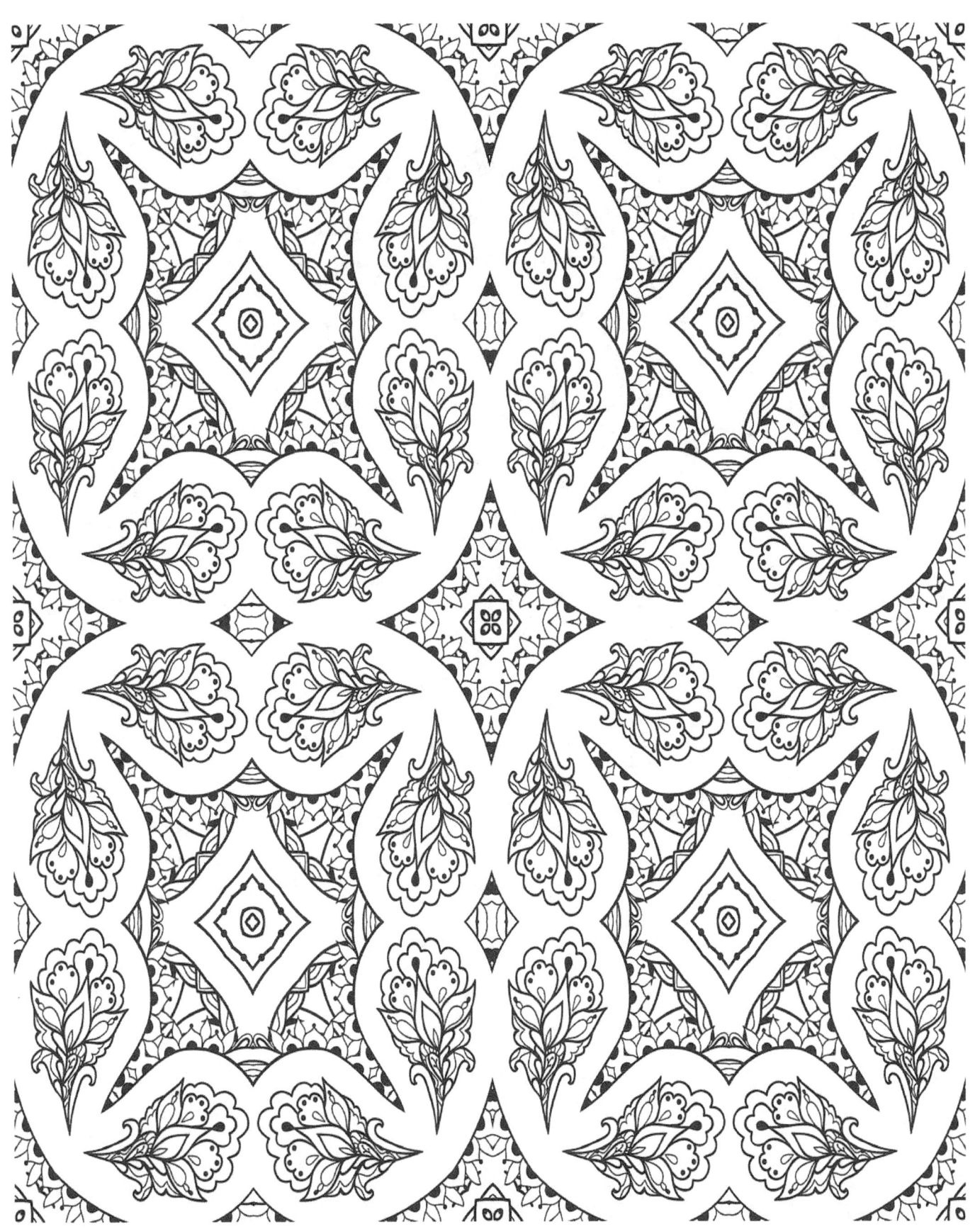

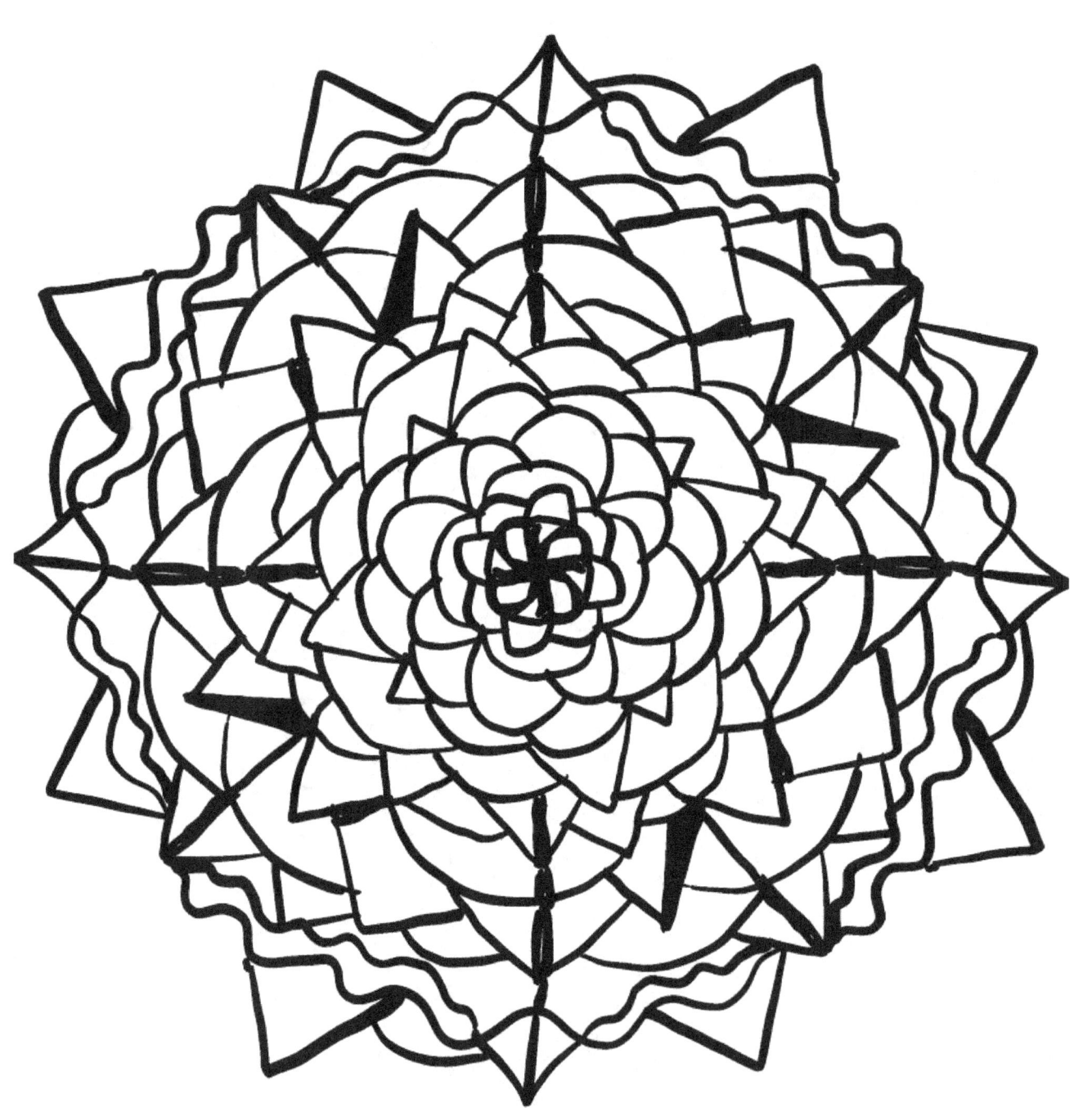

www.ingramcontent.com/pod-product-compliance
Lightning Source LLC
Chambersburg PA
CBHW082154230526
45467CB00044B/3370